LE CHAT
DE LOUIS XV

MENUS PLAISIRS D'HISTOIRE

Renée Grimaud

LE CHAT DE LOUIS XV

et autres animaux choyés de l'Histoire

EDITIONS PRISMA

Renée Grimaud est historienne. Elle est notamment l'auteur de *Nos ancêtres les Gaulois* (éditions Ouest-France), *1001 secrets d'Histoire de France* (éditions Prat), *L'Ile de France gallo-romaine* (éditions Parigramme), *Paris et ses alentours au temps de Napoléon* (éditions Parigramme), *Venise* (éditions du Chêne), *Paris* (éditions Vilo). Elle a contribué à de nombreux ouvrages sur les rois et reines de France, et écrit régulièrement des guides de voyage.

Responsable éditoriale : Ambre Rouvière
Éditeur : Nicolas Rabeau
Composition : Nord Compo Multimedia
Conception graphique de la couverture : Isabelle Ducat
Illustration de couverture : « Chat angora blanc guettant un papillon » (détail), de Jean-Jacques Bachelier (1724-1806).
© RMN-Grand Palais/Agence Bulloz
Ruban : © andersphoto/Shutterstock

ISBN : 978-2-8104-1883-1

PEFC 10-31-1601 Certifié PEFC pefc-france.org

Depuis 2009, Prisma Media met en place une politique d'achat éco-responsable. Ainsi, près de 100 % du papier de nos magazines est certifié PEFC (gestion durable des forêts). La fabrication des livres des Éditions Prisma s'inscrit également dans cette démarche.

Sommaire

« De ma vie je n'ai entendu parler
d'une couverture d'édredon ;
ce qui me tient bien au chaud
dans mon lit, ce sont six petits chiens
couchés autour de moi ;
aucune couverture ne vaut
les bons petits chiens. »

La Princesse Palatine, *Lettres*.

1

Le cheval d'Alexandre

(IVe siècle avant J.-C.)

Alexandre le Grand est l'un des personnages les plus célèbres de l'Antiquité, l'un des plus grands conquérants de l'histoire. Né le 21 juillet 356 avant J.-C. à Pella, il est le fils du roi de Macédoine, Philippe. Ce dernier, qui a entrevu les immenses qualités de son fils, l'associe au pouvoir dès 336. Le jeune prince devient roi à son tour trois ans plus tard. Jusqu'à sa mort, en 324, il n'aura de cesse de conquérir de nouveaux territoires, étendant son autorité d'abord sur la Grèce entière, puis jusqu'au fin fond de l'Asie. Il réussira à mettre sous sa coupe l'immense Empire perse achéménide. Avec ses conquêtes, Alexandre inaugure une nouvelle civilisation, la civilisation hellénistique.

Le jeune Macédonien a changé le destin du monde. Mais, durant toutes ces années de voyages et de conquêtes, il n'est jamais seul. Il peut compter sur le plus fidèle des compagnons, un être exceptionnel : son cheval, Bucéphale.

Cette histoire d'amitié extraordinaire, à la hauteur du destin d'un conquérant hors du commun, commence sous le brûlant soleil de Macédoine, en 341. Alexandre est alors un jeune prince d'à peine quinze ans. Vigoureux, il est aussi d'une grande beauté, avec son visage aux traits réguliers, encadré de boucles châtain clair aux reflets cuivrés. Il possède déjà un caractère très affirmé, plein de fougue, de passion et d'orgueil. Certes, il est fils de roi. Mais il se rengorge d'une ascendance qu'il prétend bien plus élevée : pour lui, il ne fait aucun doute qu'il est d'origine divine. Son père, Philippe, dit descendre d'Héraklès, et sa mère, Olympias, princesse d'Épire, fait remonter sa lignée à Achille. Et surtout, Olympias, qui ne s'entend guère avec Philippe, colporte que c'est Zeus en personne qui a conçu le jeune prince…

D'autres légendes encore entourent la naissance d'Alexandre de présages flatteurs. Philippe et Olympias auraient été prévenus de la conception de leur futur fils par un rêve commun ;

l'oracle aurait prédit que l'enfant posséderait un caractère de lion. Rien n'est plus vrai ! Pour tempérer ce caractère, ses parents ont veillé à lui prodiguer une excellente éducation. Dans sa prime jeunesse, Alexandre a suivi les enseignements de Léonidas, un parent de sa mère qui lui apprend la discipline et lui indique comment maîtriser ses colères. Et depuis deux ans, l'adolescent a pour précepteur un philosophe grec, choisi par son père. Cet homme de grande sagesse, nommé Aristote, lui inculque les valeurs de la culture grecque, et la mission, en tant que grand roi, de les diffuser dans le monde.

Un jour qu'Alexandre se trouve auprès de son père, un marchand de chevaux, nommé Philonicos de Pharsale, s'avance dans la cour du palais. Il a longuement insisté pour voir le roi. Il a pour lui, assure-t-il, un cheval extraordinaire, intelligent et vif, un animal digne seulement d'un grand souverain. Il a effectué le voyage à pied depuis la Thessalie, une région située au centre de la Grèce et au sud de la Macédoine, pour le lui présenter. La Thessalie, avec sa vaste plaine centrale entourée de hautes montagnes, dont le mont Olympe, est l'une des rares régions de Grèce où l'on peut élever des chevaux. Des chevaux, de la race appelée *boukephalas*, particulièrement réputés. C'est d'ailleurs au sud de la Thessalie, sur le mont Pélion, que vivent les Centaures, ces êtres chimériques, hommes jusqu'à la taille, et chevaux jusqu'à l'extrémité de leurs sabots.

Les chevaux jouissent d'un grand prestige en Grèce. Contrairement aux autres animaux domestiques, ils n'ont pratiquement aucun rôle utilitaire : rarement sacrifiés, quasiment jamais mangés, ils n'aident pas aux travaux des champs. En réalité, ils ont pour seule fonction de permettre aux classes dominantes d'affirmer leur distinction sociale ; et, depuis peu, surtout dans les franges septentrionales de la Grèce, les chevaux jouent un rôle militaire essentiel. Il y a encore un siècle, le prestige de l'infanterie hoplitique était écrasant ; la cavalerie n'intervenait qu'en appui, mais depuis quelques dizaines d'années, l'équitation se développe. Les progrès techniques y sont sans doute pour beaucoup : sous l'influence de l'Orient, au début du IVe siècle, les selles se sont considérablement améliorées. Si l'étrier n'est pas encore inventé, les cavaliers ont davantage d'assise, et leur rôle prend plus de poids sur le champ de bataille. Désormais, les jeunes nobles apprennent à monter à cheval dès leur plus jeune âge, signe qu'ils appartiennent à un rang social supérieur. La valeur des chevaux ne cesse donc de s'accroître : au

IVe siècle, en Grèce, le prix d'un cheval peut atteindre plusieurs centaines de drachmes, dépassant le prix d'un esclave.

Acheter un cheval est donc un moment important dans la vie d'un prince. « Et ce cheval-là est unique », répète le marchand à Philippe.

– Il est particulièrement remarquable. Vois, mon roi, comme il est grand : il toise à près de quatre coudées[1], près d'une coudée de plus qu'un autre cheval. Il vient d'ailleurs du mont Pélion, le pays des Centaures. C'est un cheval de roi. Regarde.

Et le marchand montre la cuisse marquée au fer rouge de l'animal. Le dessin affiche une tête de bœuf (en grec Bucéphale, Βοῦς « bœuf » et κεφαλη « tête »), identifiant son élevage d'origine.

C'est vrai que ce cheval alezan, racé, fin et nerveux, est beau. Philippe s'approche, flatte son encolure.

– Et combien en demandes-tu, marchand ?

– Treize talents, ô mon roi.

– Treize talents ! (Philippe se retourne vers l'assistance en riant. Les courtisans s'esclaffent

1. Soit environ 1,60 m au garrot, à une période où les chevaux, plus petits que ceux d'aujourd'hui, excédaient rarement 1,40 m.

à leur tour.) C'est une plaisanterie ! Treize talents est un prix exorbitant. Je n'ai jamais vu un cheval aussi cher. Pourquoi un tel prix ?

– C'est un cheval de conquérant, ô mon roi. La Pythie l'a prédit : « Celui qui montera Bucéphale parviendra à conquérir le monde. »

Comme tous les aristocrates macédoniens, Philippe affectionne les chevaux (son nom en grec ne veut-il d'ailleurs pas dire « qui aime les chevaux » ?). Il est tenté. Il sent bien le potentiel de ce cheval, mais le prix est si élevé qu'il hésite. Il veut voir Bucéphale à l'œuvre.

– Eh bien, allons essayer cette merveille !

Le roi et ses seigneurs se rendent donc dans la plaine qui jouxte le palais, noyée sous un soleil dur et aveuglant, suivis d'Alexandre, du marchand et de l'étalon. L'animal est nerveux. Il se cabre, hennit. Il est farouche et impossible à manier. Aucun des écuyers ne parvient à le faire tenir en place et encore moins à le monter. Aucune voix ne parvient à le calmer. Philippe a du mal à cacher sa contrariété.

– Un cheval si sauvage ne pourra jamais être dompté. Marchand, tu me fais perdre mon temps. Qu'on emmène ce cheval hors de ma vue ! Et toi, marchand, va-t'en au diable, je ne veux plus te voir.

Philippe est mécontent, mais Alexandre plus encore. Il n'a rien perdu de la scène et meurt d'envie de monter l'étalon, dont il a entrevu les qualités. Il veut conquérir le monde et sent qu'avec ce cheval, tout serait possible. Il se parle à lui-même, mais suffisamment fort pour que son père, qui n'est pas très loin, saisisse ses paroles.

– Quoi, ils le laissent partir ! Quel cheval ils vont perdre par crainte et inexpérience !

Philippe, bien qu'ayant entendu son fils, préfère ne pas relever.

Alexandre répète sa phrase, un peu plus fort. Impossible cette fois de rester impassible. Son père se retourne, interloqué. Quelle insolence ! Qui demande l'avis de cet adolescent ? On connaît le caractère emporté du roi, et les yeux se sont tous portés sur lui. Philippe, le visage écarlate, contient à peine sa colère.

– Tu blâmes des hommes plus sages que toi, comme si tu étais plus capable qu'eux.

– Sans doute, oui, je ferais mieux qu'eux.

Quelle audace ! Un grand silence est tombé sur la plaine. Tous les courtisans se taisent, craignant la réaction du souverain.

– Eh bien, montre-nous, toi qui te crois si fort ! Mais si tu n'y parviens pas, quelle sera la peine pour ta présomption ?

– Je paierai le prix du cheval.

Cette réponse fait rire toute l'assemblée, même Philippe, qui accepte le pari.

Alexandre est sûr de lui. Il a longuement observé l'étalon et compris la raison de sa nervosité : l'après-midi qui touche à sa fin allonge les ombres. C'est cela qui effraie le cheval : son ombre gigantesque qui danse devant lui et suit le moindre de ses mouvements. Il se saisit de la bride et place Bucéphale face au soleil. Pour calmer la frayeur du cheval, il le flatte de la voix et de la main, lui parlant très doucement à l'oreille. Le cheval s'est arrêté, il écoute. Le marchand, le roi et toute sa suite, tous retiennent leur souffle. Alexandre se débarrasse alors de son manteau, et d'un saut léger s'élance sur le cheval avec la plus grande facilité. L'animal ne se cabre pas, ne cherche pas à désarçonner son cavalier. Alexandre tient la bride serrée, sans le frapper ni le harceler, puis, d'un coup de talon, lui enjoint de partir, le poussant à bride abattue. Ils partent au galop pour une grande course dans la plaine.

Entre l'animal et le jeune prince, la magie a opéré.

Philippe est saisi d'une angoisse mortelle. Il ne quitte pas Alexandre des yeux, craignant à tout moment que le jeune prince ne se rompe le cou. Mais bientôt les voilà de retour, satisfaits l'un de l'autre, sous les vivats du marchand et des courtisans. Le roi ne peut s'empêcher de pleurer de joie.

Philippe se tourne alors vers sa cour et annonce d'une voix forte :

– Mon fils a prouvé à tous aujourd'hui qu'un sang de roi coule dans ses veines.

Alexandre saute de cheval. Le roi l'embrasse. Il ne peut s'empêcher de sourire ; il est fier de lui.

– Mon fils, cherche un royaume à ta mesure. La Macédoine ne pourra pas te suffire.

Si ces paroles sont prophétiques, l'épisode prouve en tout cas les qualités exceptionnelles du jeune homme. Il a montré qu'il sait commander et surtout, qu'il surpasse tout le monde en perspicacité et en courage : voilà les qualités d'un roi. Alexandre a révélé en outre qu'il est un excellent cavalier, une aptitude indispensable pour mener la guerre lorsqu'on règne sur la Macédoine.

Philippe est donc rassuré sur la capacité de son fils à lui succéder et, très tôt, il lui donne des responsabilités au sein du royaume. Ainsi, en 338 av. J.-C., moins de trois ans après avoir acheté Bucéphale, lui confie-t-il le commandement de la cavalerie à la bataille de Chéronée, où les Macédoniens combattent contre les cités grecques coalisées. Alexandre, monté sur Bucéphale, y fait des merveilles. Il extermine, monté sur son étalon, le bataillon sacré des Thébains. Bucéphale y est blessé, mais porte son maître jusqu'à la victoire. C'est le premier de leurs exploits communs.

Deux ans plus tard, quand Philippe meurt, assassiné, Alexandre monte sur le trône de Macédoine. Mais le jeune homme est ambitieux. Et comme l'a prédit son père, la Macédoine ne lui suffit pas : devenu chef de la coalition gréco-macédonienne, il décide d'attaquer l'Empire perse. D'abord parce qu'attaquer l'ennemi commun est le meilleur moyen de souder des armées coalisées, souvent disparates. Ensuite, car le jeune roi veut accomplir la promesse faite à son vieux maître, Aristote, et étendre au monde la culture grecque. Enfin, et surtout, parce qu'il veut laisser son nom à la postérité.

Alexandre mène toutes ses conquêtes avec Bucéphale à ses côtés : la Syrie, l'Égypte, l'Empire perse, l'Inde. Sa première grande victoire de conquérant a lieu en 334, sur les rives du fleuve Granique, en actuelle Turquie. Elle lui ouvre les portes de l'Asie mineure. Tout s'enchaîne très vite : il s'empare des villes de Tyr et de Jérusalem, puis pousse jusqu'en Égypte, où il est accueilli en libérateur, et y fonde la première des villes qui vont porter son nom : Alexandrie.

En 331, à vingt-cinq ans, il entreprend la conquête de l'intérieur de l'Empire perse. Mais

Bucéphale commence à présenter des signes de fatigue. Aussi Alexandre le ménage-t-il, car il ne veut aucune autre monture lors des assauts qu'il mène : l'animal, si précieux à ses yeux, est son porte-bonheur, son ange gardien, le garant de ses victoires éclatantes. Associé à son cheval fétiche, Alexandre incarne auprès de ses troupes le symbole même du commandement. En leur présence, les hommes n'ont plus peur de combattre. Et c'est d'ailleurs chevauchant Bucéphale qu'une fresque de Pompéi a immortalisé Alexandre. Pour le reste de ses activités – passer ses troupes en revue, voyager –, Alexandre a recours à plusieurs autres chevaux dont l'histoire n'a pas retenu le nom.

C'est monté sur Bucéphale, encore une fois, qu'il défait Darius III à la bataille de Gaugamélès. L'empereur perse parvient pourtant à s'échapper, fuyant vers les Hautes Satrapies. Alors qu'Alexandre décide, avec l'élite de ses troupes, de le prendre en chasse, survient un événement qui montre toute son affection pour Bucéphale.

Les hommes progressent en Hyrcanie, au sud-est de la mer Caspienne. Dans ces contrées hostiles et inconnues, les soldats sont inquiets, les chevaux nerveux. Alexandre fait arrêter ses compagnons et monter les tentes ; les hommes ont bien mérité quelques heures de repos. Mais une partie de la troupe, retardée, se fait attendre. Parmi elle, Bucéphale et des serviteurs, chargés d'escorter le cheval d'Alexandre. Bientôt, on rapporte au jeune roi les raisons de ce retard : les Hyrcaniens ont attaqué le détachement et emmené le cheval, qu'ils soupçonnent être de grand prix. Ils font savoir à Alexandre qu'ils ne le rendront que contre une forte somme d'or.

Lorsqu'il apprend la nouvelle, Alexandre est dévasté. Sans son cheval, il est perdu. Après un moment de désespoir, la rage le prend. Si les Hyrcaniens ne rendent pas le cheval, il promet de mettre la contrée à feu et à sang. Il envoie un héraut annoncer ses menaces : il couvrira les forêts de terre et passera toute la population au fil de l'épée. Apeurés, les barbares choisissent de restituer Bucéphale à son propriétaire. Ils offrent au roi des cadeaux de prix, en le priant de leur pardonner.

Quand Bucéphale réapparaît devant les yeux d'Alexandre, la colère du roi tombe aussitôt. Son cheval a été bien traité et c'est avec beaucoup de cordialité qu'il reçoit les barbares, leur proposant même de payer la rançon. Alexandre peut reprendre ses conquêtes et s'enfoncer toujours plus loin en Asie. Darius trahi et assassiné, Alexandre s'empare ainsi des capitales perses. En 329-328, il atteint la vallée de l'Indus, jusqu'aux terres du puissant rajah du Penjab, Porus.

La bataille est inévitable. Elle a lieu à proximité de l'Hydaspe, en 326, et est extrêmement éprouvante pour les Gréco-Macédoniens : les hommes sont harassés, décontenancés par les pluies de mousson qui détrempent leur matériel et les font s'embourber. Mais il y a pire : le prince indien oppose aux troupes d'Alexandre deux cents éléphants de guerre caparaçonnés, dont la vue et les barrissements effraient les hommes et les chevaux. Tous les chevaux ? Tous… sauf Bucéphale, bien entendu, qui n'hésite pas à poursuivre au galop l'éléphant du rajah ! Est-ce grâce à cet acte insensé de courage que la bataille, longtemps indécise, tourne finalement à l'avantage d'Alexandre ?

Mais Bucéphale, si courageux durant le combat, revient au camp couvert de sang et de sueur, gravement blessé par de multiples flèches. Son épuisement est tel que, une fois la bataille terminée, il s'allonge, refuse de se relever et se laisse glisser en douceur vers la mort.

La peine d'Alexandre est immense. Avec la mort de Bucéphale, il a perdu plus qu'un cheval : un compagnon fidèle et un ami. Il ordonne de l'ensevelir avec les honneurs militaires, en fait un dieu et fonde sur son tombeau la ville de Bukephalia, ou Bucéphalie, aujourd'hui Jhelum, au Pakistan.

La mort de Bucéphale signe la fin des grandes victoires d'Alexandre. Ses soldats, épuisés et démoralisés, sont incapables de poursuivre plus avant. Ils l'obligent à arrêter la conquête. La troupe rebrousse chemin vers la Perse. Trois ans après la mort de Bucéphale, Alexandre, âgé de trente-deux ans, meurt à son tour à Babylone. Est-ce dû à une terrible fièvre ou à un empoisonnement ?

Une chose est sûre : la mort de Bucéphale a sonné, pour Alexandre, la fin de la conquête.

2

Le corbeau d'Auguste

(Ier siècle avant J.-C.)

Petit-neveu de César, Auguste est né sous le nom d'Octave. Le général romain a très tôt remarqué son intelligence et, sans héritier légitime, a décidé de l'adopter en 45 avant J.-C. sous le nom de Julius Caesar Octavianus. Le jeune Octave a alors dix-huit ans. Fier et débordant d'ambition, il sent couler en lui le sang du grand Jules César.

Le 15 mars 44, César, devenu dictateur perpétuel, est assassiné. Soucieux de venger la mort de son père adoptif, Octave s'associe à Lépide et Antoine pour vaincre les adversaires de César, Brutus et Cassius. Mais trois pour gouverner, c'est déjà au moins un de trop.

Antoine et Octave décident, ensemble, d'écarter Lépide, et partagent l'empire en deux : l'Orient pour Antoine et l'Occident pour Octave.

Pourtant, très vite, Octave comprend qu'une moitié d'empire ne lui suffira pas. C'est un homme organisé. Il commence donc par s'attaquer à l'Occident, en éliminant tous ceux qui peuvent s'opposer à lui. Puis, il lance une grande campagne de propagande destinée à discréditer son rival : il se fait le champion de la morale romaine contre un Antoine qu'il présente dépravé par les fastes de l'Orient et son amour pour Cléopâtre. Ayant gagné à sa cause l'opinion romaine, les assemblées populaires et le Sénat, Octave peut désormais consommer sa rupture avec Antoine. Il fait appareiller une flotte de guerre et décide d'attaquer.

À partir de ce moment-là, les événements se précipitent. Au cours de l'été 31, Octave remporte la bataille navale d'Actium, au large de la Grèce. Un an plus tard, il est à Alexandrie, poussant Antoine et Cléopâtre au suicide. De retour à Rome en 29, Octave savoure sa victoire. Le voilà enfin seul à la tête de la République romaine ! Il est temps d'organiser son triomphe, pour célébrer dignement ses succès.

Et c'est ainsi que, le 13 août 29 avant J.-C., les hommes se rassemblent sur le Champ de Mars. Là, à l'extérieur de la limite sacrée de la ville, les soldats victorieux ont déposé les armes pour entrer solennellement dans la cité. En tête, les trompettes, puis le butin dérobé à l'Égypte : enseignes, œuvres d'art, monnaies et armes, images peintes d'Alexandrie, or, vases, objets précieux… Suivent les bœufs qui, tout à l'heure, seront sacrifiés dans le temple de Jupiter par Octave en personne. Les bêtes, énormes, ont les cornes peintes d'or et le dos couvert de bandelettes rituelles. Derrière les bœufs apparaît le char du triomphateur, tiré par quatre chevaux. Sur sa tunique décorée de palmettes et de victoires, Octave a revêtu une toge pourpre brodée d'or et tient un sceptre d'ivoire surmonté d'un aigle. Il est escorté par ses légats et ses tribuns militaires. L'ensemble de l'armée triomphante ferme la marche.

Après avoir passé la Porta Triumphalis, le cortège entre dans la ville. L'excitation est à son comble, les vivats fusent de la foule, immense, massée le long du parcours. Partout les temples ont été ouverts et décorés de feuillage. Rome tout entière est submergée par l'odeur de l'encens qui brûle sur les autels de la ville, les chants des soldats, le martèlement des sabots, le pas lourd des hommes. Octave, sur son char, longe la base sud de la colline du Capitole jusqu'au cirque Maximus, puis emprunte la Via Triumphalis pour rejoindre la Via Sacra et le forum.

Au moment où il s'apprête à grimper la colline du Capitole, son regard s'arrête sur un grand et beau corbeau, juché sur l'épaule d'un citoyen en toge. Comme tout Romain, Octave apprécie les oiseaux. Les volatiles tiennent en effet une place particulière dans le cœur des Italiens : ils sont l'expression du *fatum*, ou destin, que se doit de respecter toute âme pieuse ou superstitieuse. Les dieux se servent d'eux pour délivrer leurs messages aux hommes, que seuls savent décrypter les augures en observant leur vol et leurs cris. Et parmi les oiseaux, les corbeaux, dédiés à Apollon Mithra, sont particulièrement sacrés. Tite-Live, l'historien, n'a-t-il pas rapporté que c'est un corbeau qui est venu en aide aux Romains dans leur lutte contre les Gaulois ?

Apercevoir cet oiseau à cet instant est de bon augure ; Octave sourit intérieurement. Oui, les dieux lui sont favorables et l'aideront à rétablir la Rome forte et vertueuse des ancêtres. Mais le cortège poursuit sa route, et Octave rejoint le temple de Jupiter Capitolin où il doit sacrifier lui-même les bœufs de son triomphe. Bientôt commenceront les banquets, offerts dans toute la ville. Dans l'agitation, Octave oublie momentanément le corbeau.

Mais le lendemain, alors qu'il reçoit chez lui les Romains venus le féliciter, quelle n'est pas sa surprise de revoir le citoyen et son oiseau noir ! Cette fois, l'homme tient son animal enfermé dans une cage et lorsque vient son tour de s'approcher et de parler au triomphateur, seule retentit la voix rauque de l'animal :

– *Ave Caesar, victor, imperator !*

Le titre d'*imperator* consacre les généraux victorieux et, depuis avril, le Sénat a accordé à Octave ce titre sans limitation de durée. Il ne sera Auguste – un titre qui le place au niveau des dieux – et Princeps que deux ans plus tard, faisant de lui un nouveau fondateur de Rome.

En attendant, quelle merveille ! Flatté qu'un oiseau sacré salue ainsi son *numen*, son nom, Octave félicite l'homme :

– Bonjour, citoyen, je vois que tu possèdes un animal bien dressé et qui sait saluer comme il faut un général victorieux. Rien ne me ferait plus plaisir que tu m'en fasses cadeau ! Je saurai t'en remercier.

– César, je te le donne avec plaisir.

Octave sait combien il faut d'effort et de temps pour apprendre à parler à un corbeau. Il n'en doute pas : cet homme est un fidèle de longue date, dans cette guerre civile qui a duré tant d'années. Il faut donc le récompenser avec largesse. Il fait signe à l'un de ses esclaves, qui sort une bourse remplie d'argent. Vingt mille sesterces ! C'est une somme considérable, l'équivalent de deux années de travail pour un travailleur manuel. L'esclave dépose la cage de l'oiseau complimenteur à côté d'Octave, déjà amoureux de son oiseau, tandis que le citoyen se répand en remerciements et rentre chez lui.

Deux jours plus tard, Octave est dans son palais, savourant la compagnie du corbeau, lorsqu'un homme demande à être reçu. C'est l'associé du citoyen qui lui a vendu le corbeau, et qui n'a pas reçu un sesterce de la vente. Il est furieux et prêt à se venger.

– J'ai quelque chose à te dire, ô César, quelque chose qui va te déplaire.

– Parle.

– L'homme qui t'a vendu ce corbeau, l'autre jour, je le connais bien, je suis son plus proche voisin et ami.

– Et ?

– Avant qu'il ne te cède celui-ci, il possédait deux corbeaux. Et il vaudrait mieux pour toi ne jamais entendre ce qu'a à dire cet autre corbeau…

Octave est intrigué. Il pourrait chasser ce malotru, mais sa curiosité est piquée. Il ordonne donc qu'on fasse venir le second volatile. Il ne faut pas attendre très longtemps avant qu'un des esclaves ne pénètre dans la pièce, apportant l'animal, perché dans une cage. Quant au dresseur, prudent, il a préféré s'esquiver.

À peine l'oiseau est-il entré qu'il pérore :

– *Ave Antonius, victor, imperator !*

Le propriétaire malin avait donc prévu toutes les issues possibles à la bataille d'Actium et dressé deux corbeaux ! Pour Octave, l'affront est de taille, et il aurait droit de s'en offusquer. Mais il est intelligent et préfère prendre la chose avec bonne humeur.

– Eh bien, ton ami a essayé de nous escroquer tous les deux. En vérité, seule la moitié de son travail mérite d'être payée. Pour la peine, il partagera avec toi les vingt mille sesterces.

Et, pour le prix, Octave décide de conserver les deux corbeaux. Est-ce de ce moment qu'il faut dater sa passion pour les oiseaux parleurs ? Une passion que partagent alors nombre de Romains : corneilles et corbeaux sont très courants dans les maisons de Rome, un peu moins les pies. Certains sont dressés pour la chasse, mais la plupart sont éduqués à reproduire la voix de l'homme : car ce qui fascine les Romains, chez les animaux, ce sont leurs ressemblances avec les humains. En général, on les place dans une cage au-dessus de la porte d'entrée et on leur apprend à saluer les visiteurs d'un *ave* ou d'un *salve*. Pour y parvenir, on enferme l'oiseau dans un lieu retiré où il ne peut entendre d'autre voix que celle de son éducateur, qui chaque jour répète la même phrase, punit l'oiseau d'un petit coup de verge s'il ne répète pas convenablement, mais surtout le récompense grassement lorsqu'il réussit. Certains maîtres, à force d'endurance et de patience, parviennent même à leur faire répéter des mots grecs et jusqu'à des phrases assez longues ; ces animaux atteignent alors des prix astronomiques.

Au fil des jours, l'anecdote du corbeau salueur d'Octave se répand dans Rome, et nombreux sont les dresseurs à tenter leur chance. Le futur Auguste met la main à la bourse, achetant quantité d'oiseaux auxquels on a appris à chanter ses louanges. Il fait ainsi l'acquisition, outre plusieurs corbeaux, d'un perroquet et d'une pie.

Un pauvre cordonnier, mis au fait de l'histoire, souhaite tenter sa chance à son tour et décide donc d'apprendre des compliments à son corbeau. Mais le corbeau est-il moins doué ? Ou le cordonnier peu pédagogue ? Toujours est-il que l'animal s'obstine à rester muet. Fatigué et exaspéré, le cordonnier, répétant en vain chaque jour sa leçon, se lamente à plusieurs reprises devant l'animal : *Opera et impensa periit !* (« J'ai perdu mon argent et ma peine ! ») Finalement, à force de travail et d'obstination, le corbeau se met à parler un jour et, bon élève, à répéter sa phrase de salutation à destination de l'empereur. Le cordonnier, tout heureux, s'empresse de se placer sur le chemin d'Auguste. Au moment où ce dernier arrive, l'oiseau, bien dressé, dit comme il faut la salutation flatteuse. Mais la magie n'opère plus, l'empereur est las.

– Désolé, citoyen, mais j'ai suffisamment de corbeaux à la maison. Passe ton chemin.

Le cordonnier est décomposé. Le corbeau, qui a pris goût à parler en public, sentant le désarroi de son maître, se remet à croasser « *Opera et impensa periit ! Opera et impensa periit !* », d'un ton si désespéré que l'empereur éclate de rire.

– Ah, ce compliment-là, je ne l'avais pas encore eu ! Eh bien, va ! Tu mérites pour ta peine une bourse bien garnie.

Et il fait donner au cordonnier une bourse dépassant les vingt mille sesterces pour prix de son oiseau.

Si plus tard, quand le luxe se répandit dans la société, les riches Romains s'entichèrent d'animaux exotiques (perruches, perroquets, voire fauves, ours, lions et tigres, qui déambulaient, apprivoisés, dans les *domus* des patriciens)

– c'est d'ailleurs Auguste qui le premier fit venir des tigres à Rome, offerts par une délégation indienne –, l'affection et le respect des Romains pour les corbeaux parleurs étaient encore vifs au début de l'Empire, comme le prouve cette anecdote, qui se déroule sous l'empereur Tibère, le successeur d'Auguste.

L'action se passe sur le forum. Un jeune corbeau, né sur le temple des Dioscures (Castor et Pollux), tombe un jour de son nid dans la boutique d'un cordonnier. L'artisan, y voyant un don des dieux, le recueille pieusement et l'élève. Il lui apprend à parler et à se rendre tous les jours aux Rostres – une tribune servant aux magistrats pour haranguer les foules et que César avait déplacée devant le temple de la Concorde. Là, il doit saluer chaque matin les noms de Tibère et des princes Germanicus et Drusus, puis le peuple romain tout entier. Tâche dont le corbeau s'acquitte parfaitement durant plusieurs années. Il devient célèbre auprès de tous les Romains qui le vénèrent comme le messager d'Apollon. Jusqu'à ce qu'un jour, un autre cordonnier, jaloux sans doute de la renommée que le corbeau a valu à l'échoppe de son concurrent, prend prétexte que l'oiseau a sali les chaussures de son étalage pour le tuer. Quel scandale ! Les Romains sont si émus qu'ils massacrent le corvicide et saccagent sa boutique. Puis ils organisent des funérailles solennelles à l'oiseau, élevé au rang de divinité. Le lit funéraire est porté par deux Éthiopiens jusqu'à un bûcher dressé sur le champ Rediculus, là même où Hannibal et ses éléphants ont été défaits, jadis, par l'armée romaine. Le lieu, situé à deux milles de Rome, le long de la Via Appia, aura donc été marqué par des animaux hors du commun !

Les rapports des Romains avec les animaux sont, de toute façon, assez contradictoires : empreints tantôt de grande cruauté, si l'on songe aux jeux du cirque, et tantôt d'un sentimentalisme démesuré. Il n'existe pas de catégorie particulière d'animaux de compagnie dédiés à l'affection des humains et au partage de leur vie domestique. À côté des oiseaux, très prisés, on comptait ainsi des serpents ou, plus étonnant, des poissons. Le sénateur Crassus, par exemple, fut célèbre pour s'être entiché… d'une murène ! Hébergée dans un des bassins de son immense jardin, elle venait, quand il l'appelait, manger dans sa main. Il lui offrit même des pendants d'oreilles et des colliers de perles !

Quand elle mourut, il prit le deuil et la pleura comme si elle avait été son enfant…

3

L'éléphant de Charlemagne

(VIIIe-IXe siècles)

En 797, Charlemagne a peu ou prou cinquante-cinq ans. Si ses cheveux se sont mêlés d'argent, il est au sommet de sa gloire : à la fois roi des Francs et roi des Lombards, il a mis sous sa coupe, les unes après les autres, toutes les grandes principautés d'Europe ; il a conquis les duchés d'Aquitaine puis de Bavière, a christianisé la Saxe, s'est arrogé quelques territoires en Espagne, dans les possessions byzantines puis les pays slaves. Charlemagne est un homme puissant, le plus puissant que l'Occident ait porté depuis la chute de Rome, trois siècles auparavant. C'est aussi un homme riche. Immensément riche. Un an plus tôt, son fils Pépin, vainqueur des Avars, lui a rapporté un fabuleux butin : pas moins de quinze chars remplis d'or qui ont défilé en triomphe à Aix-la-Chapelle. Charlemagne peut, désormais, tout se permettre.

Maître de plusieurs royaumes, champion du christianisme, Charlemagne se rêve en césar. Il a déjà choisi sa nouvelle Rome : trois ans plus tôt, il a cessé de déplacer sa cour de ville en ville pour se fixer durablement à Aix-la-Chapelle où il a réuni une cour fastueuse qui affiche sa puissance politique et montre au monde le prestige dont le vieux guerrier peut jouir aujourd'hui. Pourquoi Aix ? La ville thermale, proche des terres mosanes d'où vient sa famille, possède déjà un petit palais, construit par son père, Pépin le Bref, et Charles n'aime rien tant que ses eaux, chaudes et bienfaisantes. Son corps harassé par les conquêtes et les incessants voyages ne trouve en effet de véritable repos que dans ses bains brûlants. Il n'a d'ailleurs cessé d'y multiplier les séjours ces dernières années.

Pour loger sa cour et les fonctionnaires du Trésor et de la Chancellerie, il fait agrandir le vieux palais de Pépin. En vérité, plus qu'un palais, c'est un immense ensemble palatial qu'il fait bâtir, un domaine qui dépasse tout ce que l'on a vu jusqu'alors. Vaste d'une vingtaine d'hectares, il est entouré d'une enceinte fortifiée ouverte par quatre portes monumentales. Le palais proprement dit s'accompagne de nombreux bâtiments, tous censés magnifier le rôle du souverain : une chapelle privée, conçue comme la Jérusalem céleste, dans laquelle Charlemagne fait face au Christ ; des thermes gigantesques, rappelant ceux de Rome et dont la piscine d'eau chaude peut accueillir une centaine de nageurs. Et pour couronner le tout, un vaste parc destiné à recevoir une ménagerie.

En prévoyant cet espace, Charlemagne se voit en empereur romain. Il a en tête ces récits de jadis dans lesquels des *imperatores* exhibent des animaux rares et exotiques pour rappeler avec ostentation leur pouvoir sur l'ensemble du monde connu ; les bêtes féroces qui les accompagnent sont soumises à leur gloire, comme les empereurs ont soumis le monde à leur volonté. C'est ce luxe perdu que Charlemagne souhaite faire revivre dans sa nouvelle capitale. Il a déjà fait installer ours et sangliers, animaux admirables et appréciés des chasseurs, mais cela ne lui suffit pas. N'en voit-on pas partout dans les sombres forêts du pays des Francs ? Sont-ils dignes d'un prince comme lui ? Ce qu'il désire, c'est marquer les esprits de ses sujets, frapper l'imagination des ambassadeurs venus lui rendre hommage et alimenter les chroniques que les poètes, dont il aime s'entourer, transmettront à la postérité.

Il lui faut donc des animaux inconnus en Europe. Des fauves venus de cet Orient merveilleux qui fascine. Il y a bien les lions, les tigres et les léopards. Mais le roi souhaiterait un animal encore plus extraordinaire.

Charlemagne voit grand. Il veut un éléphant.

Rien ne surpasse en taille et en puissance l'éléphant, il n'existe aucun animal plus spectaculaire. Les Anciens eux-mêmes ont chanté ses louanges, le parant de toutes les vertus. Aristote, qui a vu jadis ceux qu'Alexandre avait rapportés d'Asie, assure qu'il dépasse tous les animaux par l'esprit, l'intelligence et la sagacité. Pour Pline, l'éléphant, certes le plus grand des animaux, est celui surtout dont l'intelligence se rapproche le plus de celle de l'homme. N'est-il pas doté d'une mémoire excellente, d'un sens inné de la justice, d'une prudence exemplaire, d'une fidélité à toute épreuve et d'un goût quasi humain pour la gloire ?

Cet animal supérieur en tout, inexpugnable et capable de guerroyer auprès de l'homme, est le seul compagnon digne d'un grand conquérant comme lui.

Et surtout, l'Occident n'en a plus vu depuis qu'en 218 avant J.-C., Hannibal a débarqué depuis Carthage avec son armée d'éléphants. Il leur a fait traverser l'Espagne, la Gaule et l'Italie, frappant de stupeur tous ceux qui ont eu la chance de les contempler. Posséder un éléphant donnera donc à sa cour le prestige qu'il lui faut. Il ne reste plus qu'à trouver l'occasion.

Charles se souvient avoir admiré, jeune homme, les présents somptueux avec lesquels est revenue l'ambassade franque que son père Pépin avait envoyée à Bagdad. Ce que son père a fait, ne peut-il l'accomplir lui-même, en mieux ?

Il prend prétexte de vexations subies par les chrétiens sur les Lieux saints pour dépêcher quelques hommes de confiance dans la capitale orientale, afin de régler l'affaire. D'autant que son nouveau calife, Haroun el-Rachid, multiplie les assauts contre Byzance, ce qui arrange les affaires du roi franc ; Haroun n'a toujours pas reconnu non plus l'émir de Cordoue, avec lequel ses relations sont tendues – Charles n'a pas oublié la mort de Roland, à Roncevaux – : les deux souverains ont donc tout pour s'entendre ! Il dépêche en Orient deux Francs, Lanfried et Sigismond, qu'accompagne un marchand juif, Isaac. Celui-ci est un habile négociateur et surtout, il parle parfaitement l'arabe. Il saura transmettre au calife toutes les demandes du roi des Francs. Il a bien compris à quel point l'éléphant est important, et usera de toute sa diplomatie pour convaincre Haroun de lui en céder un.

Voilà donc les trois hommes partis pour une aventure qui, ils le savent bien, sera semée d'embûches. La route est longue, sans aucun retour possible avant plusieurs années. Charlemagne ne perd pas son temps à les attendre : il commence à peupler sa ménagerie avec des oiseaux chamarrés, des paons – animaux alors très rares –, des bêtes féroces, des sangliers, des ours, des lions et des panthères. Il reçoit même d'Ibrahim, l'émir de Cordouan qui souhaite sans doute raffermir des liens plutôt distendus, un lion de taille colossale et un ours d'Afrique, énorme.

Mais surtout, il a, une fois de plus, fait monter les gens de sa famille, ses princes, ses amis, et chargé une partie de ses biens dans des chariots pour un voyage qui va changer la destinée des Francs. Son but ? Gagner Rome et convaincre le pape de le sacrer empereur. Dès le printemps 800, Charlemagne traverse ainsi ses terres de Neustrie ; il s'attarde particulièrement à Boulogne, puis à Tours, avant de se diriger plein sud, vers l'Italie. Toute la petite troupe fait étape à Ravenne, avant que Charlemagne ne gagne la Ville éternelle où il entre en grande pompe le 24 novembre. Sur place, il obtient gain de cause et, le 25 décembre, il est sacré empereur.

Voilà maintenant trois ans qu'il n'a plus de nouvelles de son ambassade.

Elle a pourtant bien travaillé ! Haroun el-Rachid, ou Haroun le Bon, passé à la postérité comme le calife des *Mille et Une Nuits*, est flatté de l'amitié d'un si grand prince. Voyant en lui un allié possible contre l'impératrice de Byzance, il a reçu son ambassade avec faste. Il souhaite témoigner à Charlemagne toute son amitié et couvre les émissaires de présents somptueux : tissus chatoyants, pierres précieuses, objets d'ivoire, pièces et parfums importés des Indes, tapis magnifiques, une selle remarquable, des oiseaux, des singes, des léopards... Mais surtout, il accepte de céder au plus puissant des rois d'Occident le seul éléphant de son palais. L'éléphant, énorme, a déjà quarante ans. C'est un éléphant apprivoisé, éduqué pour la guerre, le cadeau idéal pour un grand conquérant. Il viendra avec son cornac et quelques Indiens habitués à lui porter tous les soins nécessaires. Il a même un nom : Abul Abbas, soit le fils d'Abbas, le nom du petit-fils et de l'oncle de Mahomet.

Isaac peut s'estimer heureux : son roi sera content de lui. Il prépare son retour sans ses compagnons, Lanfried et Sigismond, qui ont succombé à un si long voyage vers le pays des mille et une nuits. Haroun ne le laisse pourtant pas partir seul et lui propose de le faire accompagner d'une délégation, constituée d'un Perse et d'un Africain, jusqu'à Aix. Haroun, le fastueux, ne veut pas être en reste !

Voilà donc la petite troupe en route pour un très long et très périlleux périple. Tandis qu'Isaac, chargé des encombrants cadeaux d'Haroun, emprunte la voie de terre, plus sûre pour l'éléphant, les émissaires du calife prennent les devants et embarquent à bord d'un navire qui les mène à Pise au début de l'année 801.

Heureux hasard ! Les émissaires d'Haroun arrivent en Italie au moment même où Charlemagne s'apprête à regagner son palais d'Aix-la-Chapelle. Après un court séjour à Rome, l'empereur a en effet pris son temps. Il s'est arrêté à Ravenne, où il est resté quelques jours avant de gagner Pavie, la capitale de l'ancien royaume lombard. C'est là qu'on lui annonce l'arrivée des ambassadeurs du calife, qui fait grand bruit dans toute l'Italie. Quelle joie pour Charlemagne ! Leur arrivée, si peu de temps après son couronnement, apparaît comme un heureux présage, comme s'ils étaient venus exprès le féliciter ! L'empereur fait parvenir des messagers auprès des deux ambassadeurs qu'il finit par rencontrer à mi-chemin entre les villes lombardes de Verceil et d'Yvrée. Les émissaires lui annoncent, avec force interprètes, qu'Isaac, chargé de convoyer et de veiller sur les magnifiques cadeaux que le calife a fait envoyer, arrivera plus tard. Ils confirment ce que Charlemagne, nouvel Alexandre, espérait de tout son cœur : un éléphant fait bien partie du convoi. C'est pourquoi Isaac a pris tant de retard : l'animal doit éviter la mer. Le cortège a gagné tout d'abord Jérusalem, où il a fait escale, le temps de se ravitailler. Puis de là, il a rallié Carthage, toujours en suivant la voie terrestre, le long de la rive méridionale de la Méditerranée.

L'empereur sent son cœur s'emballer, il trépigne d'impatience : il veut son cadeau ! Il fait envoyer l'un de ses notaires, Erchenbald, en Ligurie, préparer une flotte apte à convoyer au plus vite l'éléphant jusqu'à lui. L'éléphant, son cher éléphant, ne doit plus tarder maintenant.

On n'a donc plus guère le choix : il faut embarquer l'animal, le hisser sur un navire et prendre la mer jusqu'en Italie. Faire monter l'éléphant dans le bateau n'est pas chose facile et il faut toute la science de son cornac pour le convaincre de quitter la terre ferme. Mais la traversée se déroule à merveille. Et un beau jour d'automne, Isaac et Abul Abbas finissent par arriver dans le petit port italien de Porte Venere. À peine a-t-il été prévenu que Charlemagne accourt.

Sur le port, l'effervescence est à son comble. La foule se presse autour d'un des navires à quai, afin d'apercevoir la bête imposante qu'on tente d'en faire descendre. Fatigué par le périple, affolé par les bruits inconnus, les odeurs de varech, le tapage du port lombard, l'éléphant barrit de peur, mais son cornac, attentif, parvient à le calmer. Doucement, l'animal met le pied sur la terre d'Occident.

Charlemagne est fou de joie. Abul Abbas correspond en tout point à ce qu'il souhaitait : énorme, harnaché de tissus multicolores, on ne voit que lui ! L'empereur souhaite remonter jusqu'à Aix avec son précieux cadeau, faire son entrée dans les villes de son empire avec son fabuleux trésor. Mais les indigènes chargés de prendre soin de l'éléphant sont formels : il ne supportera pas de passer les cols, alors que l'hiver s'approche. Charlemagne fait contre mauvaise fortune bon cœur : la santé d'Abul Abbas compte avant tout ; il doit gagner vivant l'enclos qui l'attend au palais. L'empereur se résigne donc à quitter Abul Abbas, qui passe l'hiver à Verceil, au chaud, tandis que Charlemagne, après être resté une année entière en Italie, se décide à regagner son Austrasie natale.

Lorsque les beaux jours reviennent, au début du printemps 802, Abul Abbas reprend la mer jusqu'à Marseille, avec Isaac et son cornac, qui ne l'ont pas quitté depuis Bagdad. Le cortège remonte à son rythme la vallée du Rhône, puis celle de la Saône, traverse la Lorraine et fait une longue étape à Metz. Voilà des siècles qu'aucun éléphant n'a foulé le sol de la Gaule et, tout au long du parcours, c'est l'attraction ! Dans la foule des agglomérations grossies autour des grandes abbayes, quelques érudits, qui ont lu les Anciens ou entendu raconter des récits mythiques le mettant en scène, viennent observer de près l'éléphant de l'empereur. Ils savent que l'animal, plus gros qu'une montagne et plus intelligent qu'un cheval, combat auprès des hommes en Orient et en Inde. Dans les *scriptoria* où l'on compile les bestiaires, on colporte que les éléphants, fidèles envers leurs maîtres et terrifiants pour l'ennemi, sont miséricordieux envers les faibles et demeurent les plus chastes de toutes les bêtes de la Création. Ne s'accouplent-ils pas qu'une seule fois dans leur vie, jamais avant l'âge de quinze ans pour le mâle et de treize pour la femelle ? Certains moines ont fait un long voyage pour le contempler. L'un d'eux est copiste à Saint-Denis, près de Paris, l'éphémère capitale mérovingienne. Il tente de mémoriser tout ce qu'il voit et, de retour à l'abbaye, il se remet à son pupitre de travail, où il est chargé de copier et d'enluminer le *Commentaire sur les psaumes I-L* de Cassiodore. Il ne résiste pas au plaisir de dessiner Abul Abbas dans une des lettrines du manuscrit : c'est d'une main agile et sûre qu'il reproduit sa trompe mobile, ses petites oreilles et sa bosse sur la tête.

Quant aux paysans, aux manants et aux serfs, ils n'ont jamais entendu parler d'un tel animal. Leur surprise est immense. Qu'il est gros ! Comme il a un long nez ! La rumeur enfle rapidement, et partout sur la route, on accourt pour se régaler du spectacle : quel drôle d'animal, qui joue avec sa trompe comme d'une main, aspergeant d'eau les enfants qui le titillent !

Le voyage, entrecoupé d'arrêts plus ou moins longs, va durer ainsi plusieurs mois. La troupe gagne Aix à l'été 802. Le 1er juillet, Charlemagne retrouve enfin son cher animal.

Abul Abbas s'installe dans ses logements à Aix. On lui a préparé un petit logis doté d'une cheminée pour lui éviter les hivers rigoureux des pays du Nord. Au milieu des autres animaux de la ménagerie impériale, l'éléphant devient rapidement la vedette : si certains puissants possèdent des lions et des panthères, aucun roi d'Occident n'a d'éléphant ! Charlemagne est fier de le montrer à ses hôtes de marque, auprès desquels l'animal fait toujours beaucoup d'effet. Il n'aime d'ailleurs guère quitter son éléphant ; dès qu'il le peut, il l'emmène, le trimballant d'un palais à l'autre, à Nimègue puis à Ingleheim ; à chaque fois suivent les serviteurs chargés de son confort, des chariots chargés d'approvisionnement. Ils s'installent un moment à Augsbourg, en Bavière du Sud. Abul Abbas est de toutes les sorties. Il accompagne même l'empereur lors de campagnes militaires. Ainsi, en 804, participe-t-il à un combat contre le roi danois Gottfried, venu attaquer un village sur les terres franques.

Heureusement pour l'éléphant, l'empereur vieillit. Il perd le goût des longs voyages, lui qui n'a guère tenu en place durant toutes ces années. Depuis quatre ans qu'Abul Abbas est arrivé, l'empereur finit par ne plus guère bouger d'Aix, préférant chasser dans les immenses forêts des Ardennes, se délasser dans le parc de son domaine, dans ses jardins où se pavanent des oiseaux singuliers, comme des paons ou des faisans, ou profiter des bains chauds de son immense piscine. Il conduit pourtant encore deux campagnes en Germanie, son cher éléphant à ses côtés.

C'est d'ailleurs au cours d'une de ces expéditions qu'Abul Abbas prend froid, en 810, à Lippeham. L'empereur l'a une fois de plus emmené en campagne punitive contre les Saxons et les Danes. C'est la fois de trop. L'éléphant a traversé le Rhin glacial avec le reste de la troupe, là même où la Lippe se jette dans le fleuve. Il y attrape une vilaine pneumonie, que les soigneurs, une fois rentrés à Aix, ne parviennent pas à guérir. C'est là qu'il meurt, loin de son Orient natal.

Ainsi se termine l'histoire d'Abul Abbas, l'éléphant de Charlemagne.

On raconte que Charlemagne, terrassé par le chagrin, aurait fait sculpter un grand cor dans une de ses défenses, pieusement conservé dans le trésor d'Aix-la-Chapelle siècle après siècle. Est-ce celui-là même qu'on peut y voir encore aujourd'hui ?

L'animal a tellement marqué les esprits que son souvenir perdure, sur les terres carolingiennes, à travers les siècles. Ainsi, on a longtemps cru que le spectaculaire jeu d'échecs en ivoire, jadis conservé dans le trésor de Saint-Denis et désormais à la Bibliothèque nationale, aurait été un des nombreux cadeaux d'Haroun el-Rachid à l'empereur d'Occident. On aurait vu, dans les fous taillés en forme d'éléphant, un hommage à Abul Abbas. En vérité, il n'en est rien. Le jeu d'échecs, né en Inde ou en Asie centrale, n'est pas arrivé en Occident avant l'an mil et ces échecs ne datent pas de l'époque carolingienne, mais de la fin du XIe siècle. Ils auraient été fabriqués dans un atelier d'Italie méridionale, probablement Salerne. Et les éléphants n'évoquent en rien Abul Abbas : le jeu d'origine mettait en effet en scène les quatre corps de l'armée indienne, l'infanterie, la cavalerie, les éléphants et les chars, commandés par le roi et le vizir. En s'occidentalisant au cours du Moyen Âge, le vizir devient *fierge*, vierge puis dame ; le *roukh* arabe, ou char, se transforme en *roc* puis en tour à la fin du XIIe siècle. Quant à l'éléphant, *al-fil* en arabe, il s'est d'abord appelé *aufin* en ancien français avant de prendre le nom de… fou.

Aucun autre éléphant ne foulera les terres de France avant celui que Saint Louis rapportera d'Égypte en 1254. Le Capétien, qui n'aime guère les animaux, s'empressera de l'offrir à son beau-frère, le roi d'Angleterre, Henri III.

Mais ceci est une autre histoire.

4

L'ours blanc d'Henri III d'Angleterre

(XIIIe siècle)

La nouvelle s'est répandue comme une traînée de poudre. Le haut cogue[1] venu des mers glaciales du Nord a remonté la Tamise et s'apprête à présent à amarrer dans le port de Londres. Les géants blonds qui le manœuvrent affalent les voiles. À son bord s'amassent les cadeaux somptueux que le roi de Norvège, Haakon le quatrième, offre, en cette année de Notre Seigneur Jésus-Christ 1251, à son bien-aimé Henri, roi d'Angleterre, avec lequel il souhaite nouer d'étroites relations diplomatiques.

1. Bateau utilisé au Moyen Âge en mer du Nord.

Haakon, qui a rétabli la paix en Norvège après des années de guerre civile, a décidé de mener une politique extérieure plus vigoureuse que ses prédécesseurs. Il a notamment repris possession des Hébrides, et l'appui du roi d'Angleterre lui semble donc particulièrement judicieux.

Ce n'est d'ailleurs pas la première fois qu'Haakon se rapproche du souverain anglais. Près de trente ans plus tôt, dans les années 1220, le Norvégien a déjà offert à Henri des cadeaux de prix : des gerfauts, des défenses de morse, des bois d'élan. Mais aujourd'hui, les présents qu'il apporte sont extraordinaires, du jamais vu au royaume d'Angleterre : six gerfauts d'une blancheur immaculée, et surtout un ours immense, ô prodige, plus blanc qu'un lys, un ours tellement étonnant que les foules se pressent en masse pour l'apercevoir.

Si les plantigrades ont disparu des forêts anglaises depuis longtemps, les Londoniens connaissent pourtant les ours bruns ; ils ont pu en admirer dans l'ancienne ménagerie du roi Jean sans Terre ou s'amuser des tours de ceux que les bateleurs mènent de foire en foire. Mais un phénomène pareil, ils n'en ont jamais vu !

Bien entendu, quelques lettrés ont déjà entendu parler de cet animal polaire aux mœurs aquatiques. En vérité, de très rares manuscrits circulent, à la pointe des découvertes naturalistes, qui évoquent un ours blanc gigantesque. Comme le *De proprietatibus rerum* de Barthélemy l'Anglais, qui traite de sciences naturelles et a été rédigé entre 1230 et 1247 : dans ce véritable best-seller médiéval, on apprend que, dans certaines parties du globe, il existe des ours blancs très grands et très féroces qui brisent la glace avec leurs griffes et font des trous pour plonger dans la mer et attraper des poissons. Mais dans la foule qui se presse autour du bateau norvégien, combien savent lire ? L'événement dépasse donc tout ce qu'on a pu voir à Londres depuis longtemps, l'excitation est à son comble.

L'épisode intervient à un moment crucial pour les ours en Occident. Durant des siècles, ils ont été des animaux sacrés et respectés, particulièrement par les Celtes et les Germains. Considérés comme les rois des animaux, ils ont même été longtemps célébrés dans les cultes païens. Dans certaines forêts d'Europe du Nord, les ours vénérés à l'égal des dieux ont même parfois pu apparaître comme les rivaux du Christ ; c'est pourquoi l'Église, durant tout le haut Moyen Âge, n'a eu de cesse de les discréditer, d'exhorter les hommes à les exterminer – c'est d'ailleurs à cette période que l'ours, chassé, se retire des plaines pour fuir vers la montagne. Elle a tout mis en œuvre pour sacrer le lion, jusqu'alors plutôt associé au démon, mais qui avait pour lui de n'avoir jamais été l'objet d'aucun culte religieux en Occident. Au moment où Henri III reçoit son ours, ce sont donc les lions qui donnent du prestige à une ménagerie. Les ours, trop nombreux dans les foires de villages, n'en sont plus les vedettes.

Mais un ours blanc, voilà qui est peu commun ! Seul le roi de Norvège peut offrir un animal aussi exotique et, la rareté faisant son prix, c'est un cadeau d'une valeur inestimable qu'Haakon réserve à ses plus valeureux alliés. Pour l'obtenir, il a missionné des chasseurs expérimentés loin dans le Nord, au Spitzberg, un archipel glacé aux confins septentrionaux des terres connues. En 1235, il y a près de quinze ans, il a déjà offert un ours blanc, gigantesque, à l'empereur du Saint Empire romain germanique, Frédéric II, lorsque celui-ci a épousé, en grande pompe, Isabelle d'Angleterre, la propre sœur d'Henri. Ce cadeau a accru de façon considérable l'éclat de la cour de l'empereur à Palerme. Et Henri se réjouit de pouvoir rivaliser désormais en fastes avec son puissant beau-frère !

Les animaux vivants font partie des cadeaux que les rois s'offrent entre eux, et Henri a lui-même reçu, l'année suivante, en 1236, pour ses propres noces avec Éléonore de Provence, trois léopards de la part de Frédéric II. Trois léopards, comme ceux qui fleurissent le blason d'Angleterre depuis une cinquantaine d'années[1]. Ces léopards font la fierté du roi, qui possède aussi lions, panthères et chameaux, qu'il a tous installés dans l'ancienne ménagerie de son père, Jean sans Terre, dans la Tour de Londres. Mais depuis qu'il sait l'ours arrivé, le roi est rattrapé par son émotivité, son cœur fait des bonds dans sa poitrine.

Ce roi, nerveux et sensible, n'est guère resté à la postérité. Fils aîné de Jean sans Terre, Henri n'a gagné sa couronne que grâce à l'intervention pontificale et un appui armé de quelques-uns de ses vassaux. C'est en effet un homme faible de caractère, qui a du mal à s'imposer face à ses barons. Son côté velléitaire, mou et influençable, est accentué par des paupières lourdes qui confèrent à son visage un côté perpétuellement las et indécis. Et s'il n'est guère politique, n'osant tenir tête à ses seigneurs, c'est que ses qualités sont ailleurs.

L'homme, très cultivé, protège les arts et les lettres et s'entiche d'architecture. Il préfère

---

1. Lorsque Richard Cœur de Lion introduit ces léopards dans son blason, ce sont pour lui des lions ! Ce n'est que quelques années plus tard qu'on y verra des léopards.

rester dans ses palais qu'il fait aménager somptueusement, reconstruire et embellir : grâce à lui, Londres devient enfin une grande capitale, dotée d'un somptueux palais royal, Westminster. C'est lui également qui fait rénover les défenses de la Tour de Londres et aménager ses intérieurs. Il n'y habite pas, mais il aime s'y rendre : c'est là que sont hébergés ses animaux.

Car, s'il est un autre trait de caractère éminent de ce roi, c'est son goût pour la nature et les bêtes de toutes sortes. Son père a le premier fait installer une ménagerie dans cette forteresse bâtie par Guillaume le Conquérant, il y a plus de cent cinquante ans, pour surveiller les Londoniens et d'éventuelles arrivées ennemies par le fleuve. Jean l'a créée de toutes pièces, en 1204, sans doute avec quelques cages de bêtes sauvages, lions et ours, qu'il a fait rapatrier de Normandie après avoir perdu le duché contre Philippe Auguste.

Avant même l'arrivée de son ours, Henri a donc fait réserver le plus beau logis de la Tour, ainsi qu'un petit appartement pour celui qui n'a pas quitté l'animal depuis la Scandinavie, s'occupant de lui jour après jour. À ce dernier est octroyée une pension de quatre deniers par jour pour l'entretien de l'ours.

Le roi garde cependant les pieds sur terre : puisque l'ours blanc fait la fierté de Londres et la joie de ses habitants, il ordonne aux shérifs de la ville de subvenir aux besoins de l'énorme bête : nourriture, litière... Il leur revient même la charge de lui faire confectionner une chaîne en or et une muselière. Et le souverain, qui connaît sans doute les mœurs de son ours, lui donne autorisation de venir pêcher chaque jour dans la Tamise, nager et s'ébrouer dans l'eau. On fait ainsi fabriquer une très longue corde afin que la bête, tenue en laisse, ne s'échappe pas lorsqu'elle est dans l'eau, mais puisse néanmoins nager à son aise.

À Londres, désormais, a lieu chaque jour un rituel immuable. L'ours est sorti de son enclos et mené jusqu'au fleuve ; son gardien lui ôte sa muselière, attache la corde, puis le laisse glisser dans la rivière pour qu'il puisse se gaver de poissons. Il aurait sans doute fallu plusieurs hommes pour tenir un autre ours en laisse. Mais la relation de confiance qui s'est nouée entre l'animal et le Norvégien est telle qu'il suffit à ce dernier de lui ordonner de revenir, par quelques à-coups bien sentis sur la corde, pour qu'il s'exécute.

Les Londoniens ne manqueraient pour rien au monde ce spectacle, un véritable ballet aquatique entre l'homme et la bête. Chacun s'ébaudit de voir les talents de pêcheur de l'ours, et les petits enfants crient de joie lorsqu'ils le voient sortir la tête hors de l'eau, une prise dans la gueule. Pour rendre honneur à son talent, on le surnomme Piscator, le « pêcheur » en latin.

Malgré un climat un tantinet trop clément pour qui est né sur la banquise, Piscator s'accommode fort bien de sa nouvelle vie : ses baignades dans la Tamise sont attestées au moins jusqu'en 1257. Entre-temps, il a gagné un camarade : un éléphant, qui partage avec lui les espaces de la Tour de Londres et les séances de bain quotidien.

L'éléphant a été offert en cadeau à Saint Louis par le sultan d'Égypte, en 1254. Mais le souverain français n'est guère féru de nature. Il n'aime pas la chasse, ce qui est rare pour un roi, et ne voit guère l'intérêt de posséder une ménagerie. Le Capétien pense aussitôt à son beau-frère anglais – leurs femmes sont sœurs –, dont il connaît le goût pour les animaux rares et précieux. D'autant que les deux hommes, en pleins pourparlers, tâchent de se réconcilier à propos des fameuses terres reprises à Jean sans Terre par Philippe Auguste : Henri III serait prêt à renoncer à ses revendications sur la Normandie, l'Anjou, la Touraine et le Poitou. De tels efforts valent bien un éléphant ! Saint

Louis propose donc son cadeau oriental à Henri qui s'empresse d'accepter.

Le trajet du pachyderme, de Paris à Londres, est épique. Chaque entrée du cortège dans une ville est prétexte à réjouissances et manifestations dignes de celles d'un roi. À Beauvais, l'évêque, entouré de ses diacres, vient le bénir. À Boulogne, on lui offre une housse brodée pour le protéger de la pluie. Les émissaires anglais accueillent la troupe en grande pompe. Puis c'est la traversée de la Manche, la remontée de la Tamise et le débarquement dans la capitale anglaise.

Piscator aurait pu être jaloux : les fêtes à Londres durent alors plusieurs jours, dans une liesse bien plus grande que lors de sa propre arrivée. Il est vrai que c'est la première fois de toute l'Histoire qu'un éléphant met le pied sur le sol anglais. Malheureusement, le pachyderme a plus de mal à s'adapter que l'ours. Le climat anglais manque de chaleur, et la température de la Tamise convient mieux à un animal polaire qu'à une bête habituée aux forêts tropicales. Malgré les soins que lui fournit son cornac, l'éléphant décède au bout de deux années. Piscator retrouve seul ses bains quotidiens et redevient la principale attraction de la ménagerie royale.

La ménagerie royale, quant à elle, est déménagée à la fin du siècle vers le rempart, près de la principale entrée ouest de la Tour de Londres, dans une barbacane bientôt rebaptisée tour des Lions. Jusqu'alors réservée aux seuls membres de la famille royale, elle sera ouverte au public sous le règne d'Elisabeth Ire, avant d'être définitivement fermée en 1853. Installés au zoo de Regent's Park, les animaux purent alors, un peu, prendre leurs aises.

5

Le singe d'Isabeau de Bavière

(XVe siècle)

La folie, une nouvelle fois, s'est emparée du roi. Enfermé dans sa chambre, Charles VI n'ose même pas mettre un pied à terre. Il se cache au fond de son lit garni de douzaines de coussins, terrorisé à l'idée de se briser comme du verre s'il se risque à faire le moindre mouvement. Ce n'est pas son premier accès de démence, tant s'en faut ; Isabeau de Bavière sait que le mal est passager et que, dans quelques jours, elle retrouvera son époux, décidé à reprendre les rênes de sa vie et de son royaume. Mais ces crises l'épuisent. Pour oublier les soucis qui l'accablent, la reine a trouvé refuge dans son jardin de l'hôtel Saint-Pol, qu'elle aime tant, entourée de ses chiens, de ses oiseaux et de son petit singe, qui a le don de la faire rire. Elle a en effet gardé de son enfance passée à cultiver des fleurs et élever des oiseaux dans le château familial de Ludwigsburg, en Bavière, un goût très vif pour la nature, l'art du jardin et les animaux.

Certes, elle n'est plus aussi jolie et vive qu'à son arrivée à Paris, il y a presque trente ans à présent. Treize grossesses ont alourdi sa silhouette, et les deuils de huit de ses enfants ont laissé un pli amer sur ses lèvres. Des rides profondes barrent même, depuis quelques années, son haut front épilé. Chargée de la régence lorsque son époux n'est pas en mesure de gouverner, la tâche lui pèse. Longtemps, Louis d'Orléans, le frère de Charles, l'a soutenue. Des rumeurs ont couru sur une supposée liaison entre eux. Est-ce pour cette raison que son impopularité n'a cessé de grandir ? Ou parce qu'elle a trop tardé à apprendre le français, préférant la compagnie de ses amies allemandes ? Mais Louis a été assassiné, et sans doute aussi son fils chéri, Jean, la fierté de son cœur, mort à Compiègne dans des circonstances troublantes. Aujourd'hui, elle se sent seule.

Sa vie en France avait pourtant bien commencé. Lorsqu'elle est arrivée dans l'Hexagone, Isabeau avait à peine quinze ans. Le roi Charles VI, son époux, qui n'en avait que trois de plus, est tout de suite tombé amoureux d'elle, malgré sa petite taille et son teint olivâtre, hérité des ascendants italiens de sa mère, Tadea Visconti. Une fois leur mariage célébré à Amiens, ils ont rejoint Paris le 22 août 1389, dans une incroyable liesse populaire. Pour célébrer leur entrée dans la ville, une fête mémorable avait été organisée. Isabeau se souvient encore des deux enfants vêtus de blanc, beaux comme deux angelots tombés du ciel, venus l'accueillir à la porte Saint-Denis. Ils lui avaient déposé une couronne sur la tête en chantant ces vers charmants :

> « Dame éclose entre fleurs de lys
> Reine, êtes-vous de paradis ?
> De France et de tout le pays
> Nous allons sans doute aussi en paradis. »

Comme le peuple l'aimait alors ! En arrivant place du Châtelet, elle avait été émerveillée : un jardin y avait été aménagé tout spécialement pour elle. Sur une verte pelouse, couverte d'un treillis afin que les dizaines d'oiseaux chanteurs qui s'y ébattaient ne s'en échappent, gambadaient d'adorables lapins.

Charles a toujours partagé avec elle le goût du calme et de la nature. D'un commun accord, ils ont donc décidé, jeunes mariés, de délaisser la forteresse du Louvre pour s'installer dans l'hôtel Saint-Pol, construit quelques années plus tôt par Charles V dans le quartier du Marais. L'hôtel n'a jamais été un palais. C'est en vérité un assemblage assez disparate de plusieurs maisons clos de hauts murs, qui s'étend depuis la Seine jusqu'à la rue Saint-Antoine ; l'ensemble, très vaste, s'ouvre, rue Saint-Paul, sur un grand portail surmonté de deux lions en pierre. Mais les lieux jouissent d'un charme indéfinissable ; treize jardins s'y succèdent où se mêlent massifs de lys et de lavande odorante ; une partie a été réservée en verger, planté de cerisiers, poiriers, pruniers et pommiers. D'immenses touffes de rosiers blancs et roses ménagent çà et là des chambres jardinées où, parfois, la reine, accompagnée de ses dames, vient goûter la douceur des soirs d'été. Au milieu de la végétation, Charles V avait jadis fait creuser un bassin où s'ébattent phoques et marsouins. S'y ajoutent un immense vivier à poissons, des poulaillers et des volières pour les oiseaux chantants dont il raffolait. En 1375, il avait même fait déménager à Saint-Pol la ménagerie royale du Louvre. S'étaient alors engagés d'ambitieux chantiers pour doter les lieux d'infrastructures solides, aptes à accueillir sangliers et fauves. La maison pour les lions a été particulièrement soignée ; elle se compose d'une pièce grande d'environ seize mètres carrés, donnant sur une cour et un jardin clos où les félins peuvent venir se délasser.

Le couple, au milieu de son arche de Noé, avait donc tout pour être heureux lorsque est survenue, en 1392, la première crise de démence de Charles. Il revint alors à Isabeau, seule et enceinte de leur premier enfant, de gouverner sa maison de Saint-Pol. Elle en a profité pour faire faire d'importants travaux dans le jardin et agrandir la ménagerie, où s'affaire désormais une foule de serviteurs : un valet pour les chiens, un garde pour les tourterelles, un nourrisseur de rossignols et un gouverneur spécialement dévolu à la bande de lions. Une femme est même exclusivement chargée de ravitailler le chat-huant de la reine en poules, qu'elle se procure pour deux sous pièce au marché !

Certes, au XVe siècle, tous les grands possèdent un assortiment d'animaux plus ou moins exotiques, plus ou moins spectaculaires, qui sert à rehausser leur prestige. Mais pour la Bavaroise, il s'agit d'autre chose ; elle *aime* les bêtes. Dans un pays en guerre, et dont l'opinion au fil des années lui est de plus en plus hostile, sans doute est-ce seulement auprès de ses amis à plumes et à poils qu'elle trouve affection et réconfort. D'ailleurs, quiconque souhaite lui faire plaisir lui offre un animal. Peu de temps avant sa mort, Louis d'Orléans n'a-t-il pas fait venir d'Avignon, spécialement pour elle, un perroquet multicolore, avec sa cage et le drap vert destiné à la recouvrir à la nuit tombée ? Un ensemble qu'il a payé la coquette somme de cinquante écus d'or ! Son cher Jean lui a fait envoyer de Compiègne une belle léoparde apprivoisée, qui garde son lit certains soirs et qu'elle fait nourrir d'un demi-mouton par jour. Dans le bassin de l'hôtel s'ébat également le marsouin que son époux, un jour de lucidité, lui a expédié de Normandie. Charles, il y a de cela plusieurs années maintenant, lui avait même offert un petit domaine à la campagne, à Saint-Ouen, pour qu'elle puisse venir s'y délasser. Elle l'a transformé en villa à la romaine, avec des étables, une bergerie, un colombier, un poulailler et un grand jardin.

Comme tout cela est loin ! Abattue par les crises répétées du roi, la guerre civile qui ensanglante Paris, les défaites de la chevalerie française face aux armées du roi d'Angleterre dans une guerre qui n'en finit pas, Isabeau préfère désormais se cloîtrer en son hôtel. Elle y profite de ses petits oiseaux chanteurs, dont elle fait grand cas : des chardonnerets, des linottes, des rossignols, des tarins et des pinsons. Elle est particulièrement fière de nouveaux oiseaux exotiques qu'elle est la seule à posséder en Occident, avec le roi d'Espagne : de petits oiseaux verts[1], que le seigneur Jean de Béthancourt lui a rapportés d'une expédition aux îles Canaries. L'oiseau n'est pas particulièrement joli, mais son chant est si ravissant que la reine en est tout simplement folle. Elle a d'ailleurs fait ajouter une immense volière dans son jardin pour ces oiseaux qu'elle rentre à la mauvaise saison dans des cages ouvragées, faites d'or et d'argent, garnies de perles, d'émeraudes et de saphirs. Lorsqu'elle se déplace, ce qui est de plus en plus rare, elle se sert de cages plus légères, en fil de laiton peint en vert, plus aisées à emporter. Elle emmène alors sa léoparde et son écureuil pour lequel elle a fait fabriquer un collier brodé de perles, avec fermoir en or. L'un comme l'autre ne la quittent jamais.

Mais le compagnon qu'elle préfère, c'est assurément son adorable petit singe. Il ne s'agit pas d'un de ces vulgaires macaques comme il

---

1. La mutation jaune du serin, ou canari, n'interviendra qu'au XVIIe siècle.

en pullule à travers la ville. Ceux-ci sont importés en si grand nombre de Berbérie qu'on les voit dans toutes les foires réaliser des tours pour quelques pièces. Le moindre bourgeois de Paris peut s'en offrir un pour agrémenter ses soirées. Non, son singe est tout bonnement exceptionnel : elle est la reine, tout de même ! Il pourrait s'agir d'un petit grivet à face noire et aux bras si grêles qu'on craindrait qu'ils ne se brisent. Il vient de loin. D'Éthiopie, lui a assuré le marchand vénitien à qui elle l'a acheté à prix d'or. Il était venu un jour lui présenter ses marchandises, alors qu'elle était au repos dans sa chambre avec ses dames de compagnie. Le coup de foudre a été immédiat. Il lui fallait ce singe et la reine n'a pas eu la tête à marchander. Elle ne regrette rien : qu'il est drôle quand il mange à table comme un petit homme ! Que ses caresses lui sont douces lorsqu'il se pose sur son épaule et lui entoure le cou avec les bras.

Certains soirs, lorsqu'elle se sent submergée par le découragement, lui seul parvient à la dérider avec ses grimaces et ses facéties. Il est là pour remplacer tous ses bébés perdus, mort-nés, morts en couches, morts après quelques mois d'espoir et de bonheur. Et tous ces amis aujourd'hui disparus...

Pour qu'il n'ait pas froid l'hiver, elle lui a fait coudre des habits, comme cette jolie robe verte fourrée de gris, de la fourrure d'écureuil douce et chaude, celle-là même qu'il porte aujourd'hui. Elle lui a fait confectionner également un collier de cuir rouge, garni de boucles en laiton ; les cliquetis qu'ils produisent au moindre de ses mouvements la bercent parfois. Quand le singe est dans ses appartements, il déambule librement. Mais pour ses sorties au jardin, elle a ordonné à ses gens de mettre au point un système ingénieux : elle le fait attacher à une longue chaîne au bout de laquelle est fixé un billot de bois, bien lourd, tournant dans un cercle de fer. L'animal peut ainsi se dégourdir les pattes sans risquer de s'échapper. Si elle le perdait, elle le sait, elle en pleurerait pendant des jours.

Ainsi courent les semaines et les mois, dans une solitude qui, avec les années, ne cesse de s'accentuer. Isabeau s'est fâchée avec son fils Charles, qu'elle a déshérité au profit du roi d'Angleterre. C'est donc seule qu'elle pousse son dernier soupir, le 24 septembre 1435, alors que l'été finissant éclabousse de ses rayons obliques le jardin de Saint-Pol. Quand donc est mort le petit singe ? Avant ou après sa maîtresse ?

Lorsque Charles VII rentre enfin à Paris, quatre ans plus tard, il trouve encore des lions dans la maison de sa mère. Ils y demeureront quelques années. Lui préfère s'installer dans l'hôtel des Tournelles, à proximité ; sans doute y a-t-il trop de mauvais souvenirs pour lui ici.

La ménagerie royale de Saint-Pol perdure jusqu'à la fin du siècle, sous la garde d'un certain Jean de Sabrevoys. Elle est d'ailleurs, en 1490, la cause d'un événement assez dramatique : un jour que les lions s'ébattent dans le jardin qui jouxte le domaine, l'une des lionnes saute sur le mur donnant chez le voisin, un charpentier du nom de Gazeau. Tandis que la femme Sabrevoys, témoin de l'incident, part chercher de l'aide, tous les voisins se mettent à fuir, sauf le fameux Gazeau qui n'entend pas laisser des lions s'installer chez lui. Il tente donc de repousser la première lionne au moment où une seconde monte à son tour sur le mur. L'une des bêtes, affolée par le tintamarre, se jette sur le charpentier et lui plante ses griffes dans la cuisse, le blessant profondément. Au moment où la lionne ouvre la gueule pour le mordre, Gazeau a encore le réflexe de lui empoigner la langue et de la tourner violemment pour la neutraliser ! Finalement les renforts arrivent, capturent les fauves et les remettent dans leur enclos. Pour obtenir le prix de ses soins, le charpentier traîne les Sabrevoys en justice.

Dans les premières décennies du XVIe siècle, François Ier fit vider les lieux et déménager les bêtes royales à l'hôtel des Tournelles. Il n'avait jamais beaucoup aimé ces vieilles masures tarabiscotées de la rue Saint-Pol. Il fit découper le tout en lots qu'il vendit aux plus offrants.

Aujourd'hui, il ne reste rien de cette époque étrange où, à Paris, voisinaient fauves et charpentiers, sauf le nom d'une petite rue du Marais, parallèle à la Seine, la rue des Lions-Saint-Paul. Et les oiseaux de la reine Isabeau ne peuplent plus les jardins royaux…

6

Les lions du roi René

(XVᵉ siècle)

Le 9 juillet 1454, Guillaume Sébille est convoqué devant la Chambre des comptes d'Angers. Il est le « garde des lyons du seigneur roy de Sicile » – autrement dit René d'Anjou – et doit répondre de la langueur du lion Daulphin dont il s'occupe. Il a les yeux rougis par plusieurs nuits sans sommeil à tâcher de soulager le fauve, et l'angoisse le taraude. D'autant qu'un autre des lions dont il a la charge, Martin, est mort il y a quelques semaines à peine. Quelle est donc cette étrange contagion qui touche les royaux félins ? Il s'est attaché à ces bêtes, auxquelles son maître René tient comme à la prunelle de ses yeux. Il sait donc qu'il risque sa place dans l'imposant château d'Angers et n'en mène pas large. D'autant que tous ces magistrats en grande robe l'intimident.

– Que se passe-t-il dans la Maison des lions ? Nous avons appris la mort d'un premier fauve, et voilà maintenant qu'un second refuse de se lever. Depuis quand souffre-t-il ?

Contrairement à ce qu'il craignait, ces messieurs de la Chambre lui parlent calmement, sans animosité, presque avec bienveillance. Il reprend confiance, et c'est d'une voix assurée qu'il répond :

– Ce pauvre Daulphin est tombé malade avant Pâques. Je ne comprends pas, je me suis toujours acquitté de ma tâche avec beaucoup de soin. Je fais sortir mes lions tous les jours, et Daulphin a toujours eu à manger autant qu'il le désire, de la bonne viande fraîche de mouton. La maladie semble lui tenir entre le cou et les épaules, il peine à tourner la tête. Il paraît beaucoup souffrir et refuse d'avaler quoi que ce soit. Chaque jour aggrave son mal.

– Depuis Pâques ! Et vous n'avez rien fait pour le soulager ?

– Grands dieux, si ! J'ai fait mander le barbier et le chirurgien ordinaires, que notre bon roi René a mis à la disposition des animaux du château. Ils l'ont saigné comme de coutume sans que cela ait le moindre effet. Ils lui ont appliqué divers emplâtres et onguents, et fait boire certaines potions, mais son état n'a fait qu'empirer. Nous avons ensuite mandé le propre médecin du roi, maistre Seguin de Cohardy. Mais lui aussi est incapable de nous dire de quelle maladie notre pauvre Daulphin est atteint.

Guillaume est très ému. Sa voix s'étrangle.

– Je ne supporte plus de voir souffrir si fort cette malheureuse bête ! Je préférerais encore le voir mort que de continuer à endurer ses plaintes, jour et nuit, sans savoir quoi faire pour le calmer.

– Eh bien, lionnier, continuez à prodiguer les meilleurs soins à cet animal pour l'aider à surmonter son mal. Et surtout n'épargnez ni denier ni maille[1] pour tâcher de remettre le lion en bonne santé. Vous savez à quel point il est cher au cœur de notre bon roi. Vous serez largement récompensé si vous y parvenez. Changez sa litière et aérez sa pièce. Administrez-lui tous les remèdes qu'il faudra et faites venir les chirurgiens les plus réputés, qui vous sembleront aptes à vous venir en aide. Ce lion doit absolument guérir[2]. »

---

1. La maille était une piécette de cuivre valant un demi-denier.
2. D'après Gustave Loisel, *Histoire des ménageries, du Moyen Âge à nos jours*, vol. 1, Paris, 1912.

Hélas, Guillaume Sébille a beau se démener, rien n'y fait, et le pauvre Dauphin meurt neuf jours plus tard. Sa dépouille est enterrée dans la cour dite des Lions, à côté de son compère Martin, tout près de la cheminée de la Chambre du conseil d'Angers.

René est affecté par cette perte : ses lions font la fierté de son exceptionnelle ménagerie angevine, la plus célèbre de son siècle. À la fois comte d'Anjou et de Provence, roi des Deux-Siciles et de Jérusalem, duc de Lorraine et de Bar, René a séjourné en Italie et multiplié les relations avec les sociétés les plus raffinées, l'Orient et la riche cour des ducs de Bourgogne. Ce roi, poète et mécène, aime les grandes fêtes, les arts et les tournois. Il a souhaité recréer dans ses châteaux d'Aix, de Tarascon et surtout d'Angers les fastes orientaux de la cour de Sicile. Il y fait venir ménestrels, jongleurs et poètes, s'entoure d'esclaves barbaresques, turcs et africains ; et surtout entretient un ensemble hétéroclite d'animaux. Il est ainsi très fier de ses rapaces – un grand-duc et deux chevêches –, de ses aigrettes, de son paon, de son butor et de ses hérons, s'amuse de son singe et de sa « singesse », raffole de certaines bêtes curieuses et étranges, comme une biche cornue, un renard blanc, s'émerveille de ses autruches, de ses porcs-épics et de ses dromadaires, autour desquels gambadent les lapins, jasent des perroquets et chante toute une foule de petits passereaux... Il possède même une civette d'appartement, pour laquelle un certain Jean Bidet, « tapicier, garde de la civete du roy de Sicile », reçoit près de cent treize sous par mois pour la nourrir de viande rôtie et chauffer le logement de la bête, été comme hiver, afin que jamais elle ne prenne froid !

Mais les « stars » de ses jardins, ce sont ses lions. En ce XVe siècle, le lion est la véritable vedette des ménageries, et René ne déroge pas à la règle : ses fauves font l'objet d'un soin particulier. Depuis au moins l'an 1442, date attestée, il en possède quatre. Il a fait construire dans les douves de son château d'Angers une magnifique Maison des lions. Elle se trouve du côté du fleuve, tout près de la Chambre des comptes, là où aujourd'hui se situe la promenade du Bout du monde. D'un côté, la maison donne sur une cour, ouverte par des baies barreaudées ; un grand mur s'élevant à l'aplomb des douves du château ferme l'autre côté. Ces fauves, très dommageables aux moutons d'Anjou, engraissent les bouchers : en 1442, l'Angevin Colas Babin est ainsi chargé de fournir au château un mouton entier par jour. En 1451, les exigences grimpent encore :

il faut deux moutons quotidiens pour rassasier les quatre lions d'Angers. On finira d'ailleurs par passer des marchés pour la nourriture des fauves : cinq cents moutons sont commandés en 1462, six cents en 1463, huit cents en 1475 !

Dans la Maison, chaque lion possède son logis et tous sont surveillés par Guillaume Sébille, également en charge des léopards et des dromadaires. En 1445, René reçoit quatre nouveaux lions, dont trois lui ont été offerts, en même temps qu'un léopard, par les Florentins. Il fait alors agrandir leur demeure pour y construire de nouveaux logements. L'année suivante, il exhibe en grande pompe deux de ses fauves à l'une des fêtes mémorables de chevalerie dont il a le secret, le « Pas de la joyeuse garde », qu'il fait donner près de Saumur.

Mais en 1454, survient le décès des lions Martin et Daulphin malgré tous les soins prodigués par Guillaume Sébille. Le drame est oublié lorsqu'ils sont remplacés par de nouvelles bêtes, offertes une nouvelle fois par la république de Florence. Malheureusement, peu de temps après, elles succombent à leur tour. Il ne reste bientôt plus que deux lions, dont un dénommé Marsault, et un léopard, blessé, que Sébille soigne avec beaucoup de dévouement, dépensant six écus d'or en onguents et pommades. Puis Marsault rend l'âme à son tour.

René, effondré par toutes ces pertes, fait tanner sa peau pour la garder en souvenir. Malgré ces revers, le « roi de Sicile » n'en démord pas : il lui faut des lions à Angers. De nouveaux arrivants rejoignent les rives de la Loire, provenant notamment des châteaux provençaux de René.

Le 3 avril 1463, jour de Pâques fleuries, vers les huit heures du soir, c'est le drame : le léopard égorge son soigneur, Guillaume Sébille. Le malheureux lionnier est enterré le lendemain en l'église Saint-Aignan d'Angers et l'« office de lionnier » est alors confié à Benoît Bagonet, le garde des fauves du château d'Aix, venu de Provence avec de nouveaux léopards. Il prête serment le lendemain même de l'accident.

Bagonnet est-il un meilleur lionnier que Sébille ? Plus soucieux de l'hygiène des bêtes en tout cas. Il fait remarquer au roi que si ses lions meurent, c'est que leurs logements sont trop étroits et mal aérés. René l'écoute, et entreprend d'importants travaux dans la Maison des lions, afin d'offrir plus de confort aux animaux et réduire les risques de maladie. Il fait percer des lucarnes dans les logis et installer des trappes pour que les animaux puissent passer d'une loge à l'autre, ce qui facilitera le nettoyage de ces chambres.

Les lions n'auront guère le temps de profiter de ces nouveaux aménagements : en 1473, René quitte Angers, définitivement, pour la Provence. Il n'a plus d'héritier et a fini par céder, contraint et forcé, l'Anjou à son neveu Louis XI, roi de France. Il emmène une partie de ses bêtes et installe ainsi à Aix un éléphant, deux dromadaires, des civettes, des macaques, des singes blancs et quelques marmottes, des moutons et des chèvres sauvages, des poules de Turquie.

Le 1er septembre 1476, le dernier des fauves d'Angers meurt : c'était un léopard. L'emploi de « lionnier » est supprimé. Les derniers animaux de la ménagerie d'Angers peuvent prendre leurs aises : il n'y a plus qu'un porc-épic, une grue et vingt-quatre tourterelles. L'Histoire gardera pourtant en mémoire la magnificence de la ménagerie du roi René...

7

Les oiseaux de Louis XI

(xve siècle)

Il est devenu roi sur le tard, et plus d'une fois il a piaffé d'impatience : quand donc son père le laisserait-il enfin gouverner ? Et puis, un beau jour, le moment s'est présenté. Charles VII a fini par rendre l'âme, le 22 juillet 1461, à cinquante-huit ans, des suites d'un abcès à la bouche. Si le futur Louis XI a brillé par son absence aux obsèques de son père, il n'a pas manqué de se faire sacrer roi le 15 août, jour de l'Assomption de la très sainte Vierge.

Le « jeune » souverain a déjà trente-huit ans. Il n'est pas si cruel et fourbe qu'on veut bien le dire. Simplement, il est fin diplomate et surtout méfiant : après avoir passé de si longues années à se révolter contre son père, désormais il bataille ferme pour affirmer l'autorité royale. En réalité, Louis XI est indéniablement soupçonneux, voire légèrement paranoïaque.

Ainsi tient-il, par exemple, à s'installer en Touraine. Il se méfie des Parisiens, comme avant lui son père Charles VII qui avait choisi Bourges pour résidence. En 1463, peu de temps après être monté sur le trône, Louis achète le château du Plessis-lès-Tours, qu'il fait entièrement réaménager. Ce sera son domaine, l'endroit où il pourra se ressourcer sans être importuné. À ces fins, il a tout prévu : les chemins des environs sont semés de chausse-trapes où les chevaux se brisent les pattes, le château est entouré de fossés, puis d'une solide grille de fer, surveillée par de nombreux archers. Sur les murailles et aux alentours patrouillent quatre cents hommes en armes, tandis que se relaient les gardes autour du pont-levis, ouvert seulement lorsque pointe le jour, et solidement verrouillé à la nuit. Dans cette forteresse bien gardée, presque austère, le roi trouve son plaisir auprès de la multitude bavarde et colorée d'une foule d'oiseaux pour lesquels il a fait construire de vastes volières en bois : on y trouve pigeons, aigrettes, paons blancs et gris, poules d'Inde, aigles, cailles, perdrix, faisans, chouettes, corbeaux, hérons, mouettes, autruches, faucons de Tunisie…

S'il apprécie toutes les sortes de volatiles, le souverain partage surtout le goût de sa grand-mère Isabeau de Bavière pour les oiseaux chanteurs. Dans ses volières s'ébattent ainsi par centaines les petits oiseaux qui font ses délices : chardonnerets, linottes, verdiers, pinsons, rouges-gorges, rossignols. Il voue en particulier une véritable passion aux serins, qu'Isabeau, jadis, a été la première à acclimater en France, et passe du temps à leur apprendre même à chanter certains airs. Cet intérêt pour les canaris ne fait d'ailleurs que croître avec le temps : dans ses comptes, on trouve trace de l'achat de quarante-huit canaris en 1478, quarante-six en 1479 et trois cents en 1480 ! Cette année-là, le souverain prend d'énergiques décisions pour moderniser le royaume et crée la première infanterie permanente. A-t-il donc particulièrement besoin de se détendre en s'étourdissant de chants de serins ? de se faire plaisir ? Une façon de compenser un trop-plein de tension politique ?

Les serins sont installés dans les appartements royaux et, spécialement pour eux, Louis commande des cages en fil de fer garnies de petits anneaux de laiton doré et de sonnettes. Parfois, il fait aussi dorer des cages à l'or fin.

Le roi s'amuse aussi beaucoup à écouter ses oiseaux parleurs, des geais et des pies, auxquels il apprend à répéter quelques mots, voire à jurer. Lui d'habitude si avare – ou du moins si économe – est toujours prêt à faire des folies pour ses oiseaux. Cette passion aviaire le pousse d'ailleurs à offrir en 1469 deux ex-voto d'argent en forme d'oiseau à l'église Notre-Dame de Cléry.

Des divertissements, simples et véritables, d'un roi dans son château, dans lequel il a aussi fait aménager, faut-il le rappeler, de lugubres cachots !

Mais il est une autre propriété royale où Louis XI aime se retrouver : le château d'Amboise. Son père, Charles VII, en a fait un véritable palais auquel on accède par une rampe et un pont-levis. La demeure bénéficie d'une sécurité à toute épreuve et d'une remarquable bibliothèque : le lieu idéal pour élever de jeunes princes. Louis XI y installe donc la reine, Charlotte de Savoie, et ses enfants – le Dauphin, futur Charles VIII, naîtra à Amboise en 1470. Bien entendu, le roi, lorsqu'il vient voir sa famille, aime jouir des mêmes plaisirs qu'au Plessis-lès-Tours. Entendre les chants des petits oiseaux et régaler sa vue des cerfs et daims traversant ses jardins est pour lui la meilleure manière d'oublier les soucis liés à la gestion du royaume.

Le 9 octobre 1468, Louis XI se rend à Péronne pour négocier avec Charles le Téméraire, duc de Bourgogne, contre lequel il est en guerre. C'est plus fort que lui, le roi de France ne peut s'empêcher d'être retors. Tandis qu'il parlemente avec son cousin dans la ville picarde, ses hommes encouragent les Liégeois à se révolter contre la tutelle bourguignonne. Lorsqu'il l'apprend, Charles le Téméraire est pris d'un véritable accès de rage. Il met Liège à feu et à sang, puis fait fermer les portes de la ville de Péronne. Piégé dans la ville, Louis XI se retrouve prisonnier. Vont s'ensuivre, pour le roi de France, d'humiliantes tractations destinées à le sortir de ce mauvais pas. Afin de recouvrer au plus vite sa liberté, Louis accepte de signer un traité désavantageux qu'il s'empressera d'annuler par la suite, fourberie oblige.

Le duc de Bourgogne finit donc le 3 novembre 1468 par libérer le roi de France qui, vexé et ombrageux, part aussitôt se réfugier à Amboise. Il évite Paris où, il le sait, on murmure contre lui. Et, dès le 19 novembre, il fait annoncer, à voix haute et claire et à son de trompe, par tous les crieurs publics de la capitale, « par les carrefours de Paris, ledit accord et union faite, comme il dit, entre le roi et mon dit seigneur de Bourgogne. Et que, pour raison du temps passé, personne vivant ne fût si osé ou hardi de rien dire à l'opprobre dudit seigneur, que ce fût de bouche, par écrit, signes, peintures, rondeaux, ballades, virelais, libelles diffamatoires, ou chansons de geste. »

Il est donc interdit au peuple de se moquer sous peine d'encourir des peines très graves. Mais de se moquer de qui ? Du roi ou du duc ? L'injonction est ambiguë, mais – est-ce sous prétexte que personne n'ouvre la bouche, pas même le moindre volatile ? – le roi ordonne le même jour à un certain Perdriel de se saisir de « toutes les pies, geais, oiseaux en cage ou autrement, et étant privés, pour les porter au roi ». L'administration royale est sur le pont et consigne le lieu de réquisition de chaque oiseau. Mieux : on fait parler les bêtes et on note scrupuleusement toutes les injures qui leur ont été enseignées ! Et voici un concert assourdissant de « larron », « paillard », « fils de putain », « va dehors », « Perrette, donne-moi à boire » et combien d'autres encore que ces oiseaux répètent à l'envi ! Quand on sait que Perrette n'est autre qu'une certaine péronnelle, dite Perrette de Chalon, maîtresse attitrée du roi, on comprend mieux les moqueries : les Parisiens, rusés, ont appris à dire tout haut aux oiseaux ce qu'eux-mêmes pensent tout bas de leur monarque.

Louis a-t-il craint que les oiseaux ne pérorent « Péronne » ? Ou a-t-il juste imaginé une façon de peupler à moindre frais ses volières d'Amboise, tout en punissant les Parisiens qu'il abhorre ? Car dans la foulée, les officiers sont également chargés de confisquer tous les cerfs, biches et grues qu'on peut trouver à Paris et de convoyer tout ce petit monde à Amboise. Voilà bien le procédé douteux d'un roi peu scrupuleux : voler les animaux de ses sujets, tout en faisant taire la critique ! Ce n'est d'ailleurs pas la seule fois qu'il se comporte comme un brigand. Un jour, il apprend qu'un convoi d'oiseaux exotiques remonte d'un port méditerranéen vers un château de Bretagne. La troupe doit passer la Loire à proximité du Plessis. Il ordonne donc à ses archers d'aller de nuit se poster sur les différentes routes qu'elle est susceptible de prendre, de s'emparer coûte que coûte du précieux chargement et de l'apporter au château !

Louis a ainsi trouvé une manière très économe de peupler ses volières d'oiseaux. Les chiens, que ce grand chasseur aime également passionnément, il préfère se les faire offrir. Ainsi reçoit-il du roi d'Écosse cinq lévriers, tandis que l'ambassadeur d'Angleterre lui envoie des mastiffs, ces dogues imposants et agressifs dont Albion s'est fait une spécialité. Laurent de Médicis, célèbre duc de Florence, lui fait cadeau d'un chien puissant pour garder sa chambre. Le roi de France écrit même au duc de Ferrare pour lui demander un léopard mâle dressé à la chasse au lièvre. Parfois cependant, il consent à ouvrir sa bourse : il fait ainsi venir de l'île de Chio, en Grèce, de petits chiens de couleur blanche et rousse ; d'Espagne, de grands chiens, forts et courageux, qu'on appelle alors des « allans » ; des épagneuls du Portugal et de petits chiens de Provence.

Normalement, en cette fin de Moyen Âge, les animaux de chasse ne vivent pas dans la demeure de leurs maîtres, mais dehors, dans des enclos dédiés. Louis XI fait cependant exception pour au moins quatre de ses lévriers, qui sont passés à la postérité : Pâris, appelé ainsi car il était « beau comme un dieu » ; Artus, car il était plein de courage, Plessis – le roi l'affectionne-t-il comme il affectionne son château ? – et surtout Chier Amy, un qualificatif qu'il n'a, semble-t-il, jamais utilisé pour un humain.

Ces chiens de chasse vivent comme des animaux de cour – singes, perroquets, chiens

« dammerets[1] » – et, comme tels, sont habillés durant la saison froide. Pour les lévriers du roi, des justaucorps sont taillés dans un beau velours rouge, ravivé de vert. En 1462, le souverain a remisé un temps sa pingrerie concernant Chier Amy, son lévrier préféré. À son intention, il commande à l'un des plus grands orfèvres de Paris, Jaquet de Chiefdeville, un collier de velours écarlate rehaussé de trois pièces d'or, de vingt perles, de onze rubis et d'une hyacinthe, une pierre semi-précieuse à la couleur d'ambre. Les chiens possèdent leur mangeoire en bois, spécialement conçue pour eux par le menuisier Cadot. Enfin, non seulement ils disposent de leur vêtement de nuit, pour ne pas s'enrhumer dans un grand château rempli de courants d'air, mais ils bénéficient aussi de tapis et de coussins dressés sur des châlits, pour lesquels un certain Coppin Sauvaigne, sellier de son état, fournit la bourre qui doit donner aux coussins leur moelleux.

Louis XI est l'un des premiers, en France, à proposer leur propre literie à ses chiens. La mode de prévoir paniers et tapis destinés aux canidés vient d'Italie : jusqu'à présent, ceux qui étaient admis dans les maisons dormaient

1. Petits chiens réservés aux dames, également appelés chiens de manchon.

dans le lit de leur maître. Mais le roi de France est très soucieux de leur santé, il les fait étriller, les entoure de soigneurs et d'un apothicaire spécialisé, Guion Moreau, qui prépare pour la meute divers onguents, « oignements, lavements, emplâtres, poudres et souttures de plaies ». Lorsque Artus tombe malade, loin de chez lui, Louis n'hésite pas à le faire transporter jusqu'au château du Plessis par bateau sur la Loire pour le soulager au plus vite de ses maux. Il a demandé à ses gens d'installer une grande civière sur l'embarcation afin qu'Artus ne souffre pas des cahots de la route. Pour obtenir sa guérison et dévotions du ciel, il a ordonné de confectionner un chien de cire, ex-voto de six kilos qu'il fait porter tout exprès à l'église de Saint-Martin de Tours.

Parfois, souffrant de la moindre perte d'un chien, il pratique en son honneur des offrandes à saint Hubert, patron de la chasse. Ayant égaré une grande levrette dans la forêt de Marmoutiers, Louis XI fait ainsi publier par le maire de Tours une annonce lors de la messe de minuit ! Concernant ses chiens, le roi oublie toute avarice. Les moines du Mont-Saint-Michel le savent bien. Un jour durant lequel le roi leur rend visite, désespérant que Sa Majesté ne leur octroie la moindre aide pécuniaire, ils l'emmènent voir le chenil où sont gardés leurs chiens, se désolant de ne pouvoir offrir plus de confort à leurs bêtes. Attendri, Louis XI ouvre alors grand les cordons de sa bourse…

Louis XI meurt en 1483, laissant son cher château du Plessis à sa fille Anne de Beaujeu. Ses enfants, Charles comme Anne, ont hérité de sa passion pour les animaux. Charles VIII, tout d'abord, qu'on voit commander un quartier de drap vert pour faire un habillement à une petite chienne de chambre. Il fait également confectionner une vaste toile de lin dans laquelle seront taillées des pièces de tissu pour protéger ses beaux draps en toile de Hollande lorsque ses chiens viennent coucher sur son lit. Quant à Anne, elle continue longtemps après la mort de son père de peupler les volières du château, effectuant notamment l'achat de cent cinquante-six serins. Mais elle a la tête ailleurs : le duc de Toscane, Laurent de Médicis, lui a promis de lui céder sa girafe. La bête fait la curiosité de Florence et Anne rêve de la voir déambuler le long de la Loire. Elle la réclame, en vain : le duc a oublié sa promesse et ne la lui cédera jamais. À défaut, elle crée sans le savoir une nouvelle race de chiens de chasse courants, les griffons, en faisant couvrir sa petite chienne fauve, Baude, par Souillard, un rare chien de Saint-Hubert blanc. Son père l'avait jadis offert à un gentilhomme des environs et

Jacques de Brézé avait immortalisé ce célèbre animal dans un poème : « Je suis Souillard, le blanc et le beau chien courant ».

François Ier et Henri II, à leur tour, renforceront la race par de nouveaux croisements avec leurs chiens préférés, donnant naissance à un animal de grande taille, majestueux et admirablement doué pour la chasse. Il s'agit du billy ou chien du Poitou, une race canine digne d'un roi !

Il reste à imaginer Louis XI entouré de centaines d'oiseaux en train de lui faire fête, loin de l'image du roi sévère et paranoïaque qui a traversé les siècles…

8

Les petits chiens des Valois

(XVIe siècle)

Charles IX a quatorze ans, il est roi de France et inconsolable : sa chienne Courte vient de mourir. Il est le cinquième des dix enfants qu'Henri II et Catherine de Médicis ont eus ensemble, leur troisième fils. Il ne pensait donc pas un jour ceindre la couronne royale. Mais lorsque son frère François est monté sur le trône en 1559, après la mort accidentelle de leur père au cours d'un tournoi, il a fallu se rendre à l'évidence : la santé du jeune roi était bien fragile. Plutôt souffreteux, il est mort des suites de maux insupportables à l'oreille à peine plus d'un an après son couronnement. Charles n'avait alors que dix ans et semblait davantage prêt à jouer avec ses frères et sœurs dans les couloirs du palais qu'à tenir les rênes d'un royaume déchiré entre catholiques et protestants. Mais il n'a guère eu le choix. Son frère Louis étant mort en bas âge, il a donc succédé à François et entamé son règne sous la régence et l'œil vigilant de sa mère.

Quatre années ont passé. En 1563, déclaré majeur à treize ans, il est devenu roi de façon pleine et entière, tout en continuant d'écouter sa mère. Or, celle-ci a décidé que Charles devait connaître son royaume, et ses sujets faire connaissance de leur roi. Elle a donc organisé un long périple à travers toute la France. Ils sont partis, il y a peu, sur les routes poussiéreuses, avec force gens et bagages – qui se comptent par centaines –, pour un voyage dont personne ne sait combien de temps il va durer. Ils ont d'abord visité les confins de la Lorraine, puis ont séjourné en Bourgogne, avant de descendre le long de la vallée du Rhône. Ensuite ils continueront vers le sud, séjourneront dans les États pontificaux, traverseront la Provence et pousseront jusqu'aux confins de l'Espagne, avant de remonter vers le nord par La Rochelle, Orléans et Moulins.

Au fil de cette expédition épuisante, Charles IX découvre l'étendue des terres dont il a la charge. Il passe ses journées dans un carrosse brinquebalant, dont un amoncellement de coussins ne parvient pas à atténuer les secousses. Les jours sont longs, quand on a moins de quinze ans et qu'on avoue un goût prononcé pour la chasse et les grandes chevauchées à travers champs et bois ! La chienne favorite du roi de France, Courte, trop âgée pour supporter un tel voyage, est restée à Saint-Germain-en-Laye, confiée à la dame qui l'a vue naître. Mais, loin de son maître, elle s'est laissée mourir. Maintenant qu'un messager est venu lui apprendre qu'il ne la reverra plus, Charles se désespère.

On dit du jeune roi qu'il est cruel envers les animaux. Il est vrai qu'il a du mal à réprimer certains délicieux frissons lorsqu'il voit du sang couler et une méchante excitation à contempler des fauves se battre à mort. Mais il aime ses chiens sincèrement, de tout son cœur et sans arrière-pensée. Il a un faible pour ses petits lévriers de chambre, qu'il adore voir gambader derrière lui quand il n'est pas dans ce fichu carrosse. Il en possède trente-six, pour lesquels il a fait confectionner trente-six colliers semblables, afin que chacun sache bien qu'ils sont sa propriété : de jolis colliers en velours rouge et vert pour les chiens du roi. Qu'ils sont beaux quand Petit Père, le valet du chenil, les tient tous en laisse ! Le préféré de Charles est Rigaut, son plus fin limier (« Rigaut, qui de haut nez est toujours le premier », dira de lui le poète Amadis Jamyn). Mais cette affection n'a rien à voir avec celle qu'il portait à Courte, sa chienne favorite. Comme il se plaisait à jouer avec elle, la mignoter, la gaver de friandises, la faire coucher dans son lit ! Courte portait son nom à ravir car elle était vraiment courte sur pattes. Elle était grasse, sans nez et sans oreilles[1]. Mais d'une intelligence et d'une fidélité à nulles autres pareilles. Et voilà qu'à repenser à elle, les sanglots du jeune roi reprennent de plus belle. Quel ami aura été plus fidèle que Courte ? Elle ne laissait personne s'approcher de son maître et quiconque voulait plaire au roi devait d'abord attendrir la chienne. C'est en tout cas ce que versifie Pierre de Ronsard, le poète le plus brillant de la cour à qui, chagrin, Charles IX vient de commander une épitaphe destinée à immortaliser la vie de cet animal, « Afin que le temps qui tout mange,/ N'effaca un jour la louange,/Que Courte en vivant méritait. »

« Mais sitôt qu'elle pouvait être
En la présence de son maître

1. Sans doute un bouledogue ?

Et que son roi la caressait
Ses amis plus ne connaissait
Et les mordait comme félonne
Ne pouvant souffrir que personne
Approche de ce qu'elle aimait. »

Courte partageait tout avec le roi : ses bains, son lit et même ses repas. Lorsqu'il mangeait, elle grimpait sur la table à côté de lui et il la nourrissait à petites bouchées de biscuits et de massepain. Pour qu'elle n'ait jamais froid, et soit aussi jolie qu'une princesse, il lui avait fait tailler des vêtements sur mesure, et notamment un délicieux habit de nuit, en velours vert, qu'un valet était chargé de lui enfiler tous les soirs.

Charles ne se résout pas à être séparé définitivement de sa chienne. Et puisque Courte est morte, il a pris une importante décision : celle de faire tanner sa peau. Dans le cuir, il fera faire au meilleur tailleur de Paris une paire de gants pour la chasse. Un moment, Charles oublie son chagrin, consolé une dernière fois par la petite chienne. « Courte, ainsi, morte et vive, a faict/A son roy, service parfait », comme l'écrira si joliment Ronsard.

Il est vrai que la postérité associe plus volontiers Charles IX aux massacres de la Saint-Barthélemy qu'à sa passion pour les chiens.

Et pourtant... Mais a-t-il l'affection volage ? Lui qui réinstalle une ménagerie de bêtes féroces au Louvre finit par se consoler de la perte de Courte, se prenant de flamme pour un grand lévrier, un certain Beaumont, aussi grand et robuste que Courte était petite et vive. Outre ses chiens de chasse courants, le roi s'entiche encore de redoutables mastiffs (des dogues d'une férocité remarquable, dont l'Angleterre s'est fait une spécialité), que la reine Elisabeth Ire lui a offerts : ce ne sont pas des petits chiens de chambre, tant s'en faut, et en 1572, il devra payer vingt-cinq livres de dédommagement à un pauvre blanchisseur de Chaillot pour la perte de sa vache, massacrée par les grands dogues du roi de retour d'une chasse à Boulogne.

Ce goût pour les lévriers, dogues et autres épagneuls reflète l'esprit d'une époque : la fin du XVIe siècle marque en effet l'arrivée en scène des chiens comme animaux de compagnie préférés des hommes. Ce rôle avait, en Occident, plutôt été tenu jusque-là par des singes ou des oiseaux. Au fur et à mesure que le Moyen Âge touchait à sa fin, on avait introduit dans les chambres quelques chiens de poche, spécialement dédiés aux femmes, les chiens dits « dammerets » ou de manchon. Mais dans l'ensemble, la gent canine était surtout appréciée pour les services qu'elle rendait dans la haute aristocratie, essentiellement pour la chasse. Et c'est parce qu'il était un chasseur hors pair que Louis XI s'était pris d'une telle affection pour ses grands lévriers. À la fin du Moyen Âge, ces lévriers sont les chiens de vénerie par excellence. Venus d'Orient, ils ont été importés en Espagne par les Maures. Mais en France, il a fallu attendre que Saint Louis en rapporte de croisade pour qu'il devienne le chien préféré de la noblesse, ainsi que le symbole de la fidélité et de l'idéal chevaleresque. On le lâche à la poursuite des cerfs, des sangliers et des ours. Grâce à sa rapidité, il est aussi capable d'attraper les lièvres. Bref, un chien d'excellence.

La grande affaire de la cour de France des Valois, ce n'est cependant plus ce chien sportif, mais un de ses cousins, le petit lévrier d'Italie. Né en Égypte, il a été introduit dans la péninsule par les Romains dès l'Antiquité. Il ne gagne cependant les cours européennes qu'au cours du XVe siècle, où ce grêle animal n'a plus d'autre utilité que de plaire à son maître. Il pénètre cette fois dans les appartements. Sa grâce et ses qualités de bête de compagnie lui permettent de conquérir rapidement le cœur des dames et bientôt celui des gentilshommes. François Ier en possède déjà, Catherine de

Médicis ne s'en sépare plus, Charles IX en est fou.

À la Renaissance, on se passionne véritablement pour tout ce qui est exotique et petit. C'est à cette époque que Catherine de Médicis lance à Saint-Germain, aux Tuileries ou à Amboise la vogue des nains de cour. Ce goût pour la réduction se porte aussi sur les petits chiens, dont on n'était jusqu'alors guère familier. Surtout, on a redécouvert les ouvrages antiques traitant des modes de reproduction. La société se mêle de sélection, soucieuse de renforcer des caractères que l'on souhaite transmettre, comme le nanisme. Apparaissent alors, en Italie, de nouvelles races. En ce XVIe siècle, d'ailleurs, tout vient de la péninsule ou presque, et la reine mère, la plus Italienne des reines de France, marque le règne de son goût florentin.

Ainsi se popularise le bichon maltais. Catherine fait venir ses chiens de Venise. Quant aux compagnons préférés d'Henri II, son époux, ce sont deux petits chiens blancs à poils longs ; il leur donne exclusivement du pain frais fabriqué par un certain Antoine Andrault, à qui échoit la tâche exclusive de nourrir les canidés royaux. C'est le boulanger le mieux payé de la paneterie royale !

À cette époque, de nombreux Italiens se fixent à Lyon, apportant dans leurs bagages la science de l'élevage canin. Les petits chiens lyonnais remportent bientôt tous les suffrages. Ces messieurs et dames de la cour s'arrachent ces adorables bichons, courts sur pattes, qui ne dépassent pas les trente centimètres de long. Leur tête de souris avec leur petit museau pointu et leurs grandes oreilles déchaîne des soupirs de convoitise. On se pâme devant leurs poils soyeux, plus longs au niveau des épaules. Plus ils sont petits, plus on les tient pour délicats et précieux. Mais ce qui plaît au-delà de tout, c'est leur caractère joueur et sociable. Ils se prêtent à d'adorables tours, sautent et mordent sans pincer, aboient joliment. Certains se tiennent sur leur derrière, levant leurs pattes de devant. On s'amuse à leur lancer des brimborions, qu'ils rapportent aussitôt. Certaines femmes dévergondées, assure-t-on, les font même venir dans leur lit pour les couvrir de baisers. Marie Stuart, qui a longtemps vécu à la cour de France et est repartie en Écosse après la mort de son époux François II, les adore ; elle en fait venir par bateaux entiers.

Tandis que la guerre fait rage, les élevages lyonnais se déplacent à Bologne, où apparaît une nouvelle race qui connaîtra un franc succès : l'épagneul papillon.

C'est justement à Bologne qu'Henri, frère de Charles IX, fait escale en 1574, avant de rentrer en France. Il a été élu roi de Pologne, mais ne se plaît guère dans ce pays étrange, si loin de la cour de France. Aussi, à peine a-t-il appris la mort de son frère qu'il s'est hâté de quitter en catimini Cracovie pour ceindre la couronne dont il vient d'hériter. Peu importe que le pays laissé par son frère soit un royaume divisé par les guerres de Religion. Peu importe que l'autorité royale n'y soit que partiellement reconnue. Henri III est heureux de rentrer dans son pays natal.

Cet homme, très croyant et d'une grande douceur, abhorre la violence, la chasse et les activités guerrières. Élégant, raffiné et cultivé, il est davantage un esthète amateur des dernières dentelles à la mode qu'un dieu Mars en puissance. Si les grands lévriers le laissent de marbre, il est, en revanche, fou des petits chiens d'appartement. À peine arrive-t-il à Bologne qu'il s'empresse d'aller visiter les chenils pour acheter des bichons.

Ce goût devient vite une passion dévorante, une addiction qu'Henri III n'arrive plus à maîtriser, au point que, une fois installé à Paris, il rôde en ville pour voler les chiens de ses sujets ! En novembre 1575, il passe ainsi des après-midi entiers dans son carrosse, avec la reine, Louise de Lorraine, à arpenter les rues de la capitale, guettant le moindre toutou qu'il fait saisir aussitôt, ignorant les larmes et la contrariété des dames qu'il vole. Le roi n'hésite pas non plus à se servir dans les monastères de femmes des environs de Paris, qui se sont fait la spécialité des élevages de chats ou de chiens pour arrondir leurs fins de mois. Les mères supérieures ont beau jeu de protester, le roi n'en a cure. Il s'est donné pour mission d'étoffer sans cesse sa collection : ainsi, en juillet 1576, Henri profite-t-il d'un voyage en Normandie avec la reine pour s'approvisionner en animaux sur le port de Dieppe ; il en rapporte une grande quantité de singes, des perroquets et, encore une fois, de nombreux petits chiens.

Dans un pays en guerre, beaucoup s'élèvent contre l'indécence du luxe dans lequel sont élevés ces chouchous canins. Ils coûtent chaque année, avec les élevages d'oiseaux du monarque, la somme astronomique de cent mille écus au trésor royal ! Mais Henri se moque des critiques. Lorsqu'il part à Lyon, dans un pays ravagé par l'une des pires crises de son histoire, c'est pour visiter des chenils. Le jour où il décide de donner la plus grande distinction qui soit alors, le collier de l'ordre du Saint-Esprit, à un obscur gentilhomme bourguignon en échange de deux chiens, c'est un véritable scandale…

Parmi tous ces petits chiens jappant et frétillant autour de lui, trois ont sa préférence. Henri les a fait venir de Smyrne et ne s'en sépare jamais. L'un est une chienne, appelée Liline, les deux autres se nomment Titie et Mimi. Ces animaux ont droit à toutes les faveurs du roi qui les habille avec un luxe inouï. Liline, par exemple, possède un manteau de velours d'apparat brodé d'or. Fâché de devoir choisir, chaque jour, entre les trois chéris celui qui l'accompagnera dans sa promenade avec la reine Louise, le souverain finit par trouver la parade : il fait confectionner un léger panier tapissé de satin cramoisi, assez spacieux pour accueillir les trois bichons. Le panier est agrémenté d'un long ruban, qui fait sangle et permet d'être porté à l'épaule. Le roi ne se déplace plus qu'avec ce drôle de sac pendu au cou, plein de ses amis à poils. Quand il s'assoit, il pose le panier sur ses genoux et caresse ses chiens tandis qu'il donne audience aux ambassadeurs ou qu'il suit, en catholique convaincu, l'office à l'église.

Les chiens rendent bien à leur maître l'amour qu'il leur porte. Henri, qui sait que sa vie est sans cesse menacée – la France est en pleine guerre de Religion –, les a fait dresser à monter la garde dans sa chambre lorsqu'il dort. Le panier leur sert alors de niche. À tour de rôle, ils restent éveillés, leurs petites pattes appuyées sur le devant du panier. Lorsqu'une certaine pendule sonne, celui qui veille sait que son tour est terminé ; il s'en va alors mordre l'oreille du chien qui doit le remplacer et s'endort aussitôt d'un juste sommeil.

Ses bichons auraient dû être ses meilleurs gardiens, mais au moment fatidique, Henri III ne leur a pas prêté attention. Ainsi, lorsque le 1er août 1589, Jacques Clément, introduit par Jacques de La Guesle, procureur général du parlement de Paris, se glisse auprès du roi sous prétexte de lui remettre un pli confidentiel, Liline est folle de rage. A-t-elle senti le danger ? Elle sort de son panier et aboie contre l'intrus. Alors qu'elle est habituellement d'un tempérament très calme, elle tente de mordre le moine. Pourquoi Henri III n'écoute-t-il pas sa petite chienne ? Pire : lui qui d'ordinaire ne s'en sépare jamais, demande à ses serviteurs que les chiens soient retirés et placés dans la pièce voisine afin d'entendre ce que Clément a à lui dire. La bure de moine de son futur assassin lui inspire confiance. Hélas, celui-ci n'est pas venu discuter avec le roi. Lorsqu'il plonge sa dague dans le bas-ventre du monarque, c'est en vain que Liline continue, depuis la chambre voisine, à s'égosiller. Henri III tombe dans son sang. Mort.

Il restera des Valois leur amour inconditionnel pour les petits chiens de compagnie, jusque-là rarement invités à partager l'intimité des hommes.

9

Le macaque d'Henri IV

(XVIe siècle)

À l'été 1591, Henri IV est un homme amoureux (la belle Gabrielle d'Estrées le comble depuis peu), mais surtout fort occupé. Il tente en effet de reconquérir de haute lutte le royaume dont il est le monarque depuis 1589 : élevé dans la religion protestante par sa mère, Jeanne d'Albret, les trois quarts de ses sujets se refusent en effet à reconnaître son autorité.

En juillet, le voici donc devant Noyon lorsqu'il reçoit une missive de Normandie : vient de débarquer à Dieppe l'éléphant qu'on lui a envoyé des Indes. Le roi a de quoi être fier : c'est le premier pachyderme qui foule le sol français depuis celui offert à Saint Louis il y a déjà plus de trois siècles. Voilà qui pourrait bien agrémenter les collections royales. Mais en temps de guerre, que faire d'un animal si encombrant ? Henri écrit aussitôt à son receveur des finances de Dieppe, lui enjoignant de trouver quelqu'un qui puisse, contre deniers piochés dans la recette générale de Rouen, s'en occuper, le nourrir et le loger.

Au fil des mois, on se rend compte que la bête, consignée en Normandie, coûte cher. Le roi, chevauchant de camp en siège, n'a guère la tête à subvenir aux frais d'une ménagerie colossale. Est-il seulement venu voir son éléphant une fois ? Vraisemblablement non. Aussi, moins d'un an plus tard, apprenant l'envie de la reine d'Angleterre de posséder un pachyderme, s'empresse-t-il d'écrire au gouverneur de Dieppe : qu'on expédie l'encombrant animal outre-manche afin de contenter sa chère consœur Elisabeth !

En cette fin de XVIe siècle, à tous points de vue désastreuse pour la France, Henri IV a trouvé la parade : sa ménagerie royale tient assise sur le dos d'un cheval, un solide percheron loué trente sous la journée. On y trouve quatre singes – deux guenons, une grande, au poil orange, et une petite, toute noire, ainsi que deux mâles, de tailles différentes –, accompagnés d'un grand perroquet ! Pour conduire la petite troupe, qui suit, fidèle, l'armée royale à Paris, Provins, Noyon, Chartres et Rouen, le secrétaire de la Chambre du Roy, un nommé Étienne fils, est chargé de l'affaire. Le singe le plus grand bénéficie d'un traitement spécial : il voyage confortablement installé dans une boîte de sapin. Il est vrai qu'il s'agit de Robert. C'est le chouchou du monarque qu'il suit depuis maintenant plus de dix ans.

La cour d'Henri IV est certes moins raffinée que celle de ses cousins Valois. Et surtout, l'heure n'est pas aux fêtes et à l'entretien de jardins des mille et une nuits, emplis d'animaux exotiques. Trente-six années de guerres religieuses ont ruiné le pays, semé la misère chez les paysans et diminué sensiblement le train de vie des nobles du royaume. Le roi, de toute façon, qui a grandi à la campagne, passe pour un rustre, sentant fort « l'ail et le gousset ». Les animaux sont pourtant nombreux à la cour de Navarre : Jeanne y fait cohabiter ours, isards, biches, perroquets, grues, hérons, cigognes, faisans, perdrix, cailles et quantité d'oiseaux des îles. La reine s'entiche surtout de singes, un goût qu'elle transmet tout naturellement à son fils, qui s'offre un premier primate en 1577, pour la coquette somme de trente-huit livres. Celui-ci s'appelle Bertrand.

L'année suivante, Henri s'achète un second singe, le fameux Robert, un macaque berbère lourd et puissant. Le roi pardonne toutes ses bêtises à cet ami turbulent, qui fait pourtant scandale peu de temps après son arrivée à la cour de Béarn en mordant au sang un maître d'hôtel. Henri le réprimande mollement pour le couvrir aussitôt de caresses.

En 1583, il confie son cher Robert à sa maîtresse du moment, la catholique Diane d'Andouins, comtesse de Guiche, dite la belle Corisande, du nom d'une héroïne de la littérature courtoise. Durant huit ans, elle restera la confidente et conseillère du roi de Navarre. Elle est installée à Mont-de-Marsan, et chacun peut voir, tous les matins, un curieux cortège se rendre à la messe : Diane d'Andouins, suivie de sa dame de compagnie, d'un laquais, d'un Maure, d'un Basque vêtu d'une grande robe verte, d'un page anglais, d'un barbet et du fameux magot Robert, qui semble prendre plaisir à cette excursion journalière.

Lorsque, enfin, Henri IV peut entrer dans Paris, le 22 mars 1594, son macaque est toujours à ses côtés. Bertrand n'a, semble-t-il, pas survécu aux aléas du temps, mais le roi achète bientôt un nouveau compagnon, Petit Jean, à son cher Robert, qui, lui, vivra très vieux. Au moins jusqu'en 1608 : cette année-là, le roi réprimande vertement son fils, le Dauphin Louis – futur Louis XIII –, alors âgé de sept ans, qui s'est gaussé de voir Robert poursuivi par des chiens. Le jeune prince a d'ailleurs de quoi maudire les animaux de ses parents puisqu'il s'est déjà fait mordre au visage par un des épagneuls chéris de sa mère (qu'elle a tenu à faire représenter sur son tableau de sacre par Rubens !). Il se fait, encore une fois, pincer jusqu'au sang par un des chiens de son père, Soldat. Louis, pour se venger, tente de battre la bête ; surpris par son père, c'est lui qui se fait sévèrement fouetter !

Car si Henri IV aime les singes, il apprécie aussi les gros chiens, comme ce fameux Fanor qui, sérieusement blessé suite à une bagarre avec un dogue, est expédié par le roi à Dieppe afin de bénéficier de revigorants bains de mer ! Une sorte de thalasso avant l'heure.

À présent qu'il est installé dans sa capitale, Henri IV ne déroge pas à la règle qui veut que les rois de France entretiennent une somptueuse ménagerie. Regrette-t-il son bel éléphant ? Peut-être. Toujours est-il qu'il fait réaménager les enclos aux bêtes des Tuileries, construits autrefois par Catherine de Médicis. Il y fait nourrir à son tour des fauves, notamment des lions, un léopard de chasse que son épouse Marie de Médicis a rapporté de

Florence comme cadeau de noces, et une bête curieuse, mi-tigre, mi-léopard, dont il se débarrassera après qu'elle aura étranglé un de ses dogues : il la vendra à un montreur de foire parisien.

À Vincennes, il entretient aussi une faune nombreuse dans la forêt royale où gambadent des élans en compagnie de cerfs et de daims royaux. À Fontainebleau, dont l'environnement bucolique lui rappelle sans doute sa jeunesse passée dans la campagne béarnaise, il fait notamment creuser un vivier dans le jardin des Pins et construire une grande volière destinée à abriter autruches, hérons, goélands, tadornes, paons, perdrix et faisans. Plus étonnant : il s'entiche de cormorans dressés pour la chasse !

Henri IV a désormais tout d'un roi digne de ce nom. Mais il continuera à chérir son macaque, dont la disparition précédera de peu la sienne…

10

Les carpes de Louis XIV

(XVIIe siècle)

En 1679, Louis XIV règne depuis trente-cinq ans. Il a désiré ardemment la construction de Versailles, en a fait l'image de sa magnificence, le symbole de la monarchie absolue et son lieu de gouvernement. Le Roi-Soleil qui, « lassé du beau et de la foule se persuada qu'il voulait quelque chose de petit et de la solitude », selon les mots du mémorialiste Saint-Simon, rêve désormais d'un château plus modeste où se retirer et se délasser quand l'envie lui en prendra. Un domaine au fond d'un vallon où il viendra en famille et avec ses intimes pour s'extraire de temps en temps de la vie publique, loin de la cour pléthorique, de ces centaines de courtisans empressés et flatteurs.

Ce domaine, ce sera Marly, alors couvert de bois et de marécages, dans une chasse qui offre, vers Saint-Germain et la Seine en contrebas, « une des plus belles vues qui se puisse imaginer ». L'endroit présente en plus l'avantage d'être situé à quelques kilomètres seulement de Versailles. Bientôt, au terme de travaux gigantesques, s'élève le château royal entouré de douze pavillons, dessiné par Jules-Hardouin Mansart, nommé premier architecte du roi. Une résidence si éblouissante qu'elle sera copiée partout en Europe. À cela s'ajoute un parc somptueux, structuré par de nombreuses allées, fontaines et bassins, alimentés par les eaux de la Seine, qui remontent jusqu'au château par les canalisations de la célèbre machine hydraulique de Marly, un engin hors du commun pour l'époque par sa taille et sa puissance.

Belle-sœur de Louis XIV, la princesse Palatine décrit dans son abondante correspondance le parc du château au printemps, « un véritable jardin. Il a plus de dix ou douze allées avec des étoiles auxquelles aboutissent six ou huit d'entre elles. Toutes les haies sont en fleur et parfument l'air ; avec cela les rossignols et les autres oiseaux chantent si bien qu'on se console parfaitement en ce lieu… »

Si le Roi-Soleil a fait creuser des bassins, c'est qu'il a une idée derrière la tête : ils sont en effet destinés à accueillir… des carpes, poissons que le monarque affectionne particulièrement. Lorsque les courtisans veulent s'attirer ses bonnes grâces, ils connaissent la marche à suivre : envoyer quelques spécimens rares de carpes pour peupler les bassins de Marly, domaine qui va devenir de plus en plus cher au cœur de Louis XIV.

Les Archives nationales conservent parfois des documents insolites, comme ce mémoire daté des 12 et 13 juin 1702, qui décrit par le menu les quatre-vingt-douze carpes pêchées dans les bassins de Fontainebleau pour être expédiées à Marly. La description de chacune, d'une précision hallucinante, vaudrait qu'on prenne son pinceau pour les croquer ! « Une carpe parfaitement belle, blanche, avec une grande marque noire en manière de papillon sur le haut de la tête./Une petite blanche, ayant le nez extraordinairement camus./Une belle argentée, mouchetée de rouge./Une isabelle mouchetée./Quatre argentées, mouchetées de noir./Deux argentées, avec une grande marque noire sur l'oreille./Une argentée, avec une espèce de mouche noire sur la tête./Treize dorées, marbrées./Trois bronzées, de couleur d'or./Une autre bronzée et mouchetée de noir./Six argentées et marbrées./Quatre argentées et truitées./Deux belles dorées au miroir./Onze autres dorées au miroir./Quarante et une communes et très belles. » Chacune d'entre elles porte un nom suggestif. Il y a la Royale, la plus longue, qui mesure vingt et un pouces[1], la Dauphine, la Bourgogne, l'Admirable, la Sans-Pareille, la Fardée, la Masque d'or, la Damasquinée, la Gris de lin, la Cramoisie, mais aussi des termes moins flatteurs, tels que la Laide, la Barbouillée ou la Borgnesse !

Dans une lettre du 6 juillet 1702 à sa chère tante Sophie de Hanovre, la princesse Palatine évoque une promenade en compagnie du roi à Marly : « On dirait que ce sont des fées qui travaillent ici, car là où j'avais laissé un grand étang, j'ai trouvé un bois ou un bosquet ; là où j'avais laissé une grande place et une escarpolette, j'ai trouvé un réservoir rempli d'eau, dans lequel on jettera ce soir cent et quelques poissons de diverses espèces et trente grandes carpes admirablement belles. Il y en a qui sont comme de l'or, d'autres comme de l'argent, d'autres d'un beau bleu incarnat, d'autres tachetées de jaune, blanc et noir, bleu et blanc,

1. Le pouce mesurait à l'époque 2,70 cm.

jaune d'or et blanc, blanc et jaune d'or avec des taches rouges ou des taches noires ; bref, il y en a de tant d'espèces que c'est vraiment merveilleux... »

Autour du château de Marly, quatre bassins de céramique ont été créés à la demande du roi en 1704. Leur originalité repose sur leur revêtement en faïence, décor inhabituel en extérieur. L'un d'eux, situé au sud-est, recevra même le nom de bassin des Carpes ! De forme octogonale, il est entouré d'une balustrade sur laquelle le roi n'hésite pas à s'accouder pour observer ses poissons favoris... Certains de ces bassins sont ornés en leur centre d'une grande île peuplée de sculptures de plomb, amours, oiseaux ou plantes, autour d'une nymphe de marbre. Dans les *Albums de Marly*, conservés aux Archives nationales, les centaines de carpes présentes dans le bassin ont été dessinées avec une grande précision.

La préférée du Roi-Soleil est une carpe dorée qu'il nourrit d'échaudés[1], des gâteaux spécialement préparés à son intention par le pâtissier Quentin Frémont, ou bien de pain, fabriqué par le boulanger Guillaume Auzoux. Mais un jour, alors que le monarque se penche sur le bassin en appelant sa Dorée, celle-ci

1. Gâteau léger fait de pâte ébouillantée.

ne remonte pas. Affolé, il fait vider et curer le bassin, pour découvrir son cher poisson mort, soit parce qu'il a été trop nourri, soit à cause de l'eau, qui est très souvent renouvelée afin qu'elle reste le plus claire possible ; or, les carpes préfèrent les eaux un peu boueuses. Accablé par la nouvelle, le roi s'enferme dans ses appartements pour la journée et ne veut voir personne ! Cette aventure donnera lieu à un couplet satirique qui courra dans Paris : « À Marly paraît un courrier/Que l'on devait expédier/Mais l'huissier qui garde la porte/Lui dit : “Retirez-vous d'ici !/La carpe favorite est morte,/On ne voit personne aujourd'hui.” » Et Mme de Maintenon aura ce mot fameux : « Elle était comme nous, elle regrettait la tourbe ! »

Comme il faut toujours fournir les bassins de Marly en carpes, et que celles-ci connaissent un taux de mortalité élevé car elles sont trop nombreuses pour un espace restreint, les fournisseurs du roi ont fort à faire, allant les pêcher de plus en plus loin dans les étangs des châteaux royaux. Car les carpes ne sont pas uniquement des poissons d'ornement, les plus communes sont servies aux tables royales. La chair de leur palais, appelée « langue de carpe », est d'ailleurs très appréciée.

Les carpes ne sont pas les seules à être l'objet de mille et une attentions de la part du Roi-Soleil. Le chenil de Versailles abrite quelque trois cents chiens courants, destinés aux chasses à courre que le souverain pratique presque chaque jour jusqu'à ce que l'âge ait raison de son agilité. La chasse est placée sous la responsabilité du grand veneur, chef de la vénerie, l'un des services spécifiques de la Maison du roi. Une charge importante, confiée à des personnages de la haute noblesse, comme François VII de La Rochefoucauld, fils de l'auteur des *Maximes*, qui occupera cette fonction pendant des années.

Une ou deux fois par semaine, il vient même exprès à Marly tant les forêts y sont giboyeuses, à la poursuite de cerfs, de daims, de lièvres ou de sangliers. Quand, au cours de ses dernières années, victime de fréquentes crises de goutte, le Roi-Soleil se met à préférer la chasse au tir, les chiens courants sont remplacés par des chiens couchants, qui vont chercher le gibier. Il s'agit surtout de braques. Ces chiens dépendent du service de la Chambre, et non de celui de la vénerie. Une charge a été créée spécialement pour s'occuper de ces animaux : celle de capitaine de levrettes, lequel est assisté de plusieurs valets spécifiquement assignés à cette tâche.

Le roi a ordonné d'installer les niches de ses chiens dans le cabinet du Billard, où il les nourrit de biscotins, des biscuits ronds, secs et durs. Appartenant à l'espace privé du monarque, interdit aux courtisans et que Saint-Simon appelle les « derrières », ce cabinet est bientôt connu sous le nom de « la pièce où sont les chiens du roi ». Le souverain vient s'y détendre entre deux guerres...

Cette salle singulière devient bientôt si célèbre qu'elle est copiée dans toute l'Europe ! Car Louis XIV aime beaucoup les chiens, dont la présence a bercé son enfance. Les levrettes, ses chiennes préférées, sont légion, les premières lui ayant été offertes par le cardinal Mazarin en personne. Leurs noms sont passés à la postérité : Pistolet, Sylvie, Mignonne, Princesse, Dorinde, mais aussi Zette, Lise, Diane, Blonde, Tane, etc.

Nommé par Louis XIV peintre de sa vénerie, François Desportes (1661-1741) participe lui-même aux chasses et visite régulièrement le chenil de Versailles pour dessiner les plus beaux spécimens appartenant au Roi-Soleil. On lui doit par exemple *Portraits de Folle et Mite*, deux braques, tableau commandé spécialement à l'artiste en ces termes : « deux belles chiennes de chasse, en arrêt devant des faisans et des perdrix, dans un paysage charmant ».

Mais aussi *Bonne, Nonne et Ponne, chiennes de Louis XIV arrêtant les perdrix, Chien en arrêt devant des perdrix, Les chiens Pompée et Florissant.* Certaines de ses toiles ornaient d'ailleurs le somptueux château de Marly, aujourd'hui disparu – il fut démoli au début du XIXe siècle, seul le parc subsiste.

Les attentions de Louis XIV envers ses chiens sont sans limite. Il commande ainsi à l'ébéniste Aubertin Gaudron toutes sortes de niches, à deux fins : d'abord, pour assurer le bien-être de ces animaux qu'il chérit, mais aussi pour montrer au monde le talent des artisans de son royaume et la magnificence de son règne. Ces niches peuplent toutes les demeures royales. Ainsi, celles qui prennent place dans le vestibule du château de Marly, réalisées en 1688, sont en placage de noyer marqueté d'ébène, et mesurent un mètre de long… L'intérieur est entièrement garni de velours rouge vif commandé tout exprès en Hollande. Zette, qui l'accompagne partout, dort quant à elle dans une niche de bronze doré doublée de velours cramoisi.

Un jour, alors que le temps est radieux, Louis XIV se tourne vers son grand veneur et, parodiant *Atys* de Quinault et Lully, déclame ces quelques vers : « Le conseil à ses yeux a beau se présenter/Sitôt qu'il voit sa chienne, il quitte tout pour elle/Rien ne peut l'arrêter/ Quand le beau temps l'appelle[1]. »

Parfois, certains rois offrent à leurs favorites un chien, non pour leur signifier leur amour, mais comme cadeau d'adieu. C'est ce qui arriva à la duchesse de La Vallière, maîtresse de Louis XIV. La princesse Palatine, toujours elle, a relaté dans un lettre du 14 avril 1719 cette façon cavalière de se débarrasser d'une femme devenue indésirable et remplacée par une autre. « Il fallait que le roi traversât la chambre de La Vallière lorsqu'il voulait aller chez la Montespan. Le roi avait un bel épagneul appelé Malice : à l'instigation de la Montespan, il prenait ce petit chien et le jetait à la duchesse de La Vallière en disant : "Tenez, madame, voilà votre compagnie, c'est assez." »

La ménagerie royale de Versailles est une des curiosités du domaine, peut-être moins connue, tant le raffinement et le soin apportés aux aménagements intérieurs du château ont éclipsé les autres réalisations. En 1662, celui-ci n'est encore qu'un pavillon de chasse, construit par Louis XIII. Un an plus tôt, le Roi-Soleil a décidé de lancer des

1. Le texte véritable est le suivant : « Les plaisirs à ses yeux ont beau se présenter. Sitôt qu'elle voit Bellone, il quitte tout pour elle,/Rien ne peut l'arrêter quand la gloire l'appelle… »

travaux gigantesques appelés à durer près de trois décennies pour transformer cette modeste demeure en un palais digne de son rayonnement… Dans le même temps, il ordonne la création d'une ménagerie, située près de l'ancienne ferme de Louis XIII, sur le chemin de Saint-Cyr, au sud-est du domaine. Édifiée par Louis Le Vau, qui se met au travail dès 1663, elle est composée d'un pavillon autour duquel sept enclos accueillent oiseaux et animaux plus exotiques les uns que les autres, dont la vision enchante les visiteurs, autorisés à fouler les allées du parc de Versailles.

« Ce pavillon est entouré de plusieurs cours grillées [grillagées], destinées aux animaux de toute espèce que la ménagerie renferme. On dirait que l'Afrique a payé un tribut de ceux qu'elle produit, et que les autres parties du monde ont fait hommage au roi de ce qu'elles ont de plus rare et de plus singulier en animaux et en oiseaux », rapporte Dezallier d'Argenville dans *Voyage pittoresque des environs de Paris*. Il faut imaginer une ménagerie d'apparat, destinée à amuser le roi et sa cour, et à distraire également les étrangers de marque de passage à Versailles. Un jour, quatre écrivains de l'époque, et non des moindres – La Fontaine, Boileau, Molière et Racine – viennent ensemble visiter la ménagerie ! L'auteur des *Fables* y cherchait sans doute l'inspiration…

Comme c'est souvent le cas, pour peupler sa ménagerie, Louis XIV reçoit des animaux à titre de cadeaux diplomatiques, expédiés par les souverains du monde désireux de s'accorder les bonnes grâces du roi de France. Il y exhibe l'éléphant donné par le roi du Portugal en 1668, animal qui, sans conteste, amuse le plus les visiteurs. Très doux, il mange dans la main des enfants la nourriture que ces derniers lui présentent. De nombreux savants viennent l'étudier, prendre ses dimensions, le dessiner… En 1682, l'ambassadeur du Maroc apporte une tigresse apprivoisée. Plus tard, trois crocodiles rejoindront la ménagerie, offerts en 1687 par le roi de Siam.

Colbert achète d'autres animaux à la Compagnie des Indes – une gazelle, des oiseaux de proie – et confie à des savants la mission de rapporter des spécimens rares de leurs voyages lointains. Le ministre du Roi-Soleil envoie ainsi en direction du Levant, en Égypte ou en Tunisie, un pourvoyeur d'animaux chargé d'acheter des bêtes paisibles : moutons, chèvres, cerfs, autruches, poules sultanes, canards, etc.

De leur côté, les peintres immortalisent les occupants de la ménagerie royale : De Troy,

Boucher, Lancret, Parrocel, Van Loo et bien d'autres se montrent fort intéressés, surtout par les animaux exotiques.

Les cours de la ménagerie, gazonnées et disposées en éventail autour d'une cour centrale, sont flanquées de bassins et de jets d'eau qui se mettent en marche quand le roi vient s'y promener ! Chacune de ces cours a sa spécificité. Dans la première s'ébattent les cigognes. La deuxième est le domaine des grues de Numidie, appelées les demoiselles, avant de devenir la cour de la Volière : elle est peuplée de plus de quarante espèces d'oiseaux exotiques parmi lesquels oiseaux-mouches, paradisiers, manucodes, tangaras – ces trois derniers étant de la famille des passereaux – et nombre de perroquets. La troisième est dévolue aux grands oiseaux d'Asie et d'Afrique ; dans la quatrième, dite le Rond d'eau, des bassins accueillent des poissons. Située en plein sud, la cinquième reçoit des autruches, des hérons d'Égypte, des aigrettes et des pintades. Elle est suivie de la cour des Oiseaux : poules sultanes, pigeons exotiques. La septième, et dernière, répond à des besoins beaucoup plus terre à terre, puisqu'elle est destinée à fournir en gibier et volailles la table royale ! On y trouve aussi des moutons de Barbarie, des sangliers et des paons, qu'on consomme à cette époque, présentés sertis de toutes leurs plumes…

Outre son côté spectaculaire et ludique, la ménagerie de Versailles peut être considérée comme le premier jardin zoologique de France et la première à opérer une classification des espèces, chacune étant répartie dans des cours adaptées. Elle permettra aussi, grâce aux dissections sur les animaux décédés, de faire des progrès en anatomie. Enfin, la véritable scénographie imaginée par Le Vau sera largement imitée, notamment par l'empereur François Ier de Habsbourg pour la ménagerie de Schönbrunn, achevée en 1752.

Pendant plusieurs décennies, le Roi-Soleil effectue des visites régulières dans cette ménagerie qui est son œuvre. Mais à la fin du XVIIe siècle, parvenu à la soixantaine, ce n'est plus qu'un vieillard mélancolique et catarrheux, affecté de rhumatismes, de fièvres, et souffrant de la gravelle – des calculs rénaux. Le brillant souverain d'autrefois est par ailleurs atteint de vertiges, d'indigestion, et se sent envahi par une grande lassitude.

C'est à cette époque qu'arrive à la cour Adélaïde de Savoie, tout juste âgée de onze ans, qui doit épouser le duc de Bourgogne, un des petits-fils de Louis XIV. Conquis par cette charmante enfant, fine d'esprit et à la joie de vivre communicative, le Roi-Soleil lui fait cadeau de la ménagerie royale en 1698. La duchesse de Bourgogne y passe une bonne partie de son temps avec ses demoiselles d'honneur, et invite les personnalités en vue à la cour. Le roi a ordonné à Jules Hardouin-Mansart de transformer et d'agrandir la ménagerie. Dans ce petit paradis, les jardins ont été embellis, et une cour comportant de nouvelles loges a été créée pour accueillir tigres, panthères, léopards, lynx, etc.

Malheureusement, la petite duchesse meurt en 1713, à l'âge de vingt-huit ans, laissant le vieux roi triste et désemparé. Celui-ci ne va alors plus s'intéresser à sa ménagerie qui, sous la Régence et le règne de Louis XV, sera pratiquement laissée à l'abandon. Lorsque survient la Révolution, nombre d'animaux seront remis en liberté ou livrés au scalpel des scientifiques. Les derniers encore présents seront transférés au Muséum grâce à Bernardin de Saint-Pierre, nommé intendant du Jardin des Plantes.

Quant au Roi-Soleil, malgré la maladie et la vieillesse, il continuera à se rendre régulièrement à Marly pour admirer ses chères carpes dans les bassins en faïence du château devenu, à la fin de son existence, sa retraite préférée.

11

Les épagneuls de la princesse Palatine

(XVIIe-XVIIIe siècle)

Elle fut l'une des personnalités les plus originales du règne du Roi-Soleil. Madame, duchesse d'Orléans, dite princesse Palatine, était la belle-sœur de Louis XIV. Née en 1652, Elisabeth-Charlotte est élevée en partie à Heidelberg par son père, l'électeur Palatin Charles-Louis, et en partie par sa tante, la duchesse Sophie de Hanovre. À dix-neuf ans, parce que le Roi-Soleil a décidé de faire alliance avec Charles-Louis afin d'accroître son influence sur le Palatinat[1], elle

1. Région historique d'Allemagne, avec pour principales villes Mannheim et Heidelberg, qui désignait à l'origine les domaines des comtes palatins représentant l'autorité impériale.

épouse Monsieur, frère de Louis XIV et veuf d'Henriette d'Angleterre. Elle passe ainsi sans transition de la cour plutôt bourgeoise de Hanovre et du Palatinat à la magnificence de celle de Versailles, où règnent également intrigues et mœurs dissolues.

Le célèbre mémorialiste Saint-Simon a dressé ainsi le portrait d'Elisabeth-Charlotte. « Madame tenait beaucoup plus de l'homme que de la femme ; elle était forte, courageuse, Allemande au dernier point, franche, droite, bonne, bienfaisante, noble et grande dans toutes ses manières ; petite au dernier point sur tout ce qui regardait ce qui lui était dû ; elle était sauvage, toujours enfermée à écrire, dure, rude, se prenant aisément d'aversion ; nulle complaisance, nul tour dans l'esprit, quoiqu'elle ne manquât pas d'esprit ; la figure et le rustre d'un Suisse ; capable avec cela d'une amitié tendre et inviolable. »

Car la princesse Palatine a une « manie », une habitude quasi compulsive, depuis sa prison dorée qu'est Versailles : elle écrit. Des dizaines, des centaines, des milliers de lettres, à des dizaines de correspondants, et surtout de correspondantes. Sa principale destinataire ? Sa tante, Sophie de Hanovre, chez laquelle elle avait passé une partie de son enfance et qu'elle chérit tendrement. Un de ses biographes estime à soixante mille le nombre de missives que cette épistolière acharnée produisit durant son existence ! Elle y décrit la vie de cour, les mœurs et le caractère des courtisans, et évoque ses animaux, notamment ses chiens, auxquels elle voue un attachement démesuré, mais sans entrave, à l'image de son caractère. Une femme libre qui ne s'en laisse pas conter.

Son mariage avec le frère de Louis XIV commence sous de bons auspices. Trois enfants naissent de cette union, dont le deuxième deviendra le Régent. Un tableau de Constantin Netscher, conservé au musée des Beaux-Arts du château de Blois et intitulé *La Princesse Palatine mère du Régent*, montre la jeune femme en compagnie de ce fils qui doit avoir trois ans environ, avec à ses pieds, déjà, un épagneul, son animal favori.

Physiquement, les époux sont aussi différents qu'on peut l'être. La princesse affiche des traits plutôt masculins, qu'elle accentue par des manières rugueuses et des tenues ne se souciant guère des canons de la mode. Monsieur, au contraire, est un personnage très maniéré : « Il n'y avait personne de si mou de corps et d'esprit, de plus trompé, de plus méprisé par ses favoris. Tracassier, incapable de garder aucun secret ; avec cela des goûts abominables, rendus publics avec le plus grand scandale.

C'était le prince le plus attaché à la vie, l'ayant toujours passée dans la plus grande oisiveté, le plus incapable par nature d'aucune application, d'aucune lecture sérieuse ; il était toujours paré comme une femme, plein de bagues, de bracelets, de pierreries, de rubans, partout où il pouvait en mettre ; plein de toutes sortes de parfums ; on l'accusait de mettre imperceptiblement du rouge », écrit encore Saint-Simon.

À la fin des années 1670, le mariage se dégrade peu à peu, au point que bien plus tard, en 1696, la Palatine écrira : « Si l'on peut retrouver sa virginité après n'avoir pas pendant dix-neuf ans couché avec son mari, pour sûr que je suis redevenue vierge. » En revanche, avec son beau-frère le roi, ses relations ont toujours été excellentes. Louis XIV apprécie son franc-parler et sa gaieté et, de son côté, elle lui voue une grande admiration. La situation va cependant s'envenimer lors du mariage secret du Roi-Soleil avec Mme de Maintenon. Elisabeth-Charlotte déteste cordialement la favorite, comme elle s'en ouvre dans ses lettres, ce qui rafraîchit ses relations avec le monarque. Elle ne peut guère non plus compter sur le soutien de son mari, les mignons de ce dernier pratiquant la calomnie à tout va, spécialement envers elle.

Face à la déception que lui procure son mariage, et aux cabales qui alimentent la vie à Versailles, la princesse va se tourner encore davantage vers les animaux qu'elle aime tant. Un amour qui s'accroît au fil du temps, plus particulièrement à partir de 1680. Dans ses jupes volumineuses, il y a toujours des chiens, dont elle découvre parfois la présence inopinée…

Depuis sa petite enfance, celle qu'on appelait alors Liselotte a vécu en compagnie de chiens. Dans une lettre adressée à sa demi-sœur Louise, la princesse évoque le premier animal qu'elle eut vers ses huit ans, à l'époque où elle résidait chez sa tante Sophie, à Hanovre. « Le duc Georg Wilhem m'a offert un jour un petit chien qu'il avait rapporté d'Italie. Il s'appelait Dindu, était très mignon, un petit tigre. On lui mettait des vêtements, et dès qu'il était habillé, il ne marchait plus sur ses quatre pattes. Il s'asseyait quand il était fatigué, et s'adossait au mur. Il apportait aussi des lettres quand on le voulait. Il mourut à Frankenthal, après mon retour de Hollande et d'Utrecht au Palatinat. Cela m'a coûté beaucoup de larmes. »

Deux ans plus tard, ce sont deux grands chiens, baptisés Turc et Soliman, que son oncle, le duc Ernest-Auguste, époux de Sophie, lui rapporte d'Amsterdam. Elle tombe immédiatement sous le charme de ces animaux à la taille conséquente, une attirance qu'elle conservera car, explique-t-elle, « Un joli petit chien peut bien être un amusement, mais jamais une consolation. Je n'aime pas les bollonais *[sic]*, je les trouve trop délicats ; je leur préfère de beaucoup les épagneuls français ; j'en ai constamment quatre à mes trousses, et la nuit ils couchent à côté de moi. » Car ces animaux possèdent une autre qualité : ils sont parfaits pour affronter le froid qui sévit assez souvent à Versailles ! « De ma vie je n'ai entendu parler d'une couverture d'édredon ; ce qui me tient bien au chaud dans mon lit, ce sont six petits chiens couchés autour de moi ; aucune couverture ne vaut les bons petits chiens. »

Observatrice féroce et souvent très drôle des personnalités qu'elle a l'occasion de croiser à Versailles, la princesse compare volontiers les courtisans à des animaux. De l'abbé Dubois, précepteur de son fils Philippe d'Orléans, qu'elle n'apprécie que modérément, elle écrira : « C'est un petit chien qui fait comme les grands ; il pisse contre le mur parce qu'il les y voit pisser. » Le comte de Toulouse, fils légitimé de Louis XIV, dernier des enfants naturels que le roi a eus avec Mme de Montespan, est qualifié de « crotte de souris ». Le ministre

Jean-Baptiste Colbert de Torcy, diplomate, est assimilé à un crapaud !

La princesse Palatine avait chassé dans son enfance dès qu'on le lui avait autorisé. Elle adorait ce sport qui faisait d'elle un vrai garçon manqué. Constatant son appétence en ce domaine, Louis XIV lui demanda, très vite après son arrivée à Versailles, de l'accompagner, comme elle s'en ouvre à sa tante Sophie le 10 octobre 1673 : « il [le roi] m'a fait écrire par Monsieur qu'il *prétendait*[1] que j'allasse chasser avec lui deux fois par semaine. Cela sera tout à fait dans mes goûts, car ma tante sait bien que sa Liselotte a été de tout temps un petit démon. »

La princesse ne renoncera à aucun moment à ses parties de chasse. Ainsi, en 1706, alors qu'elle a plus de cinquante ans : « Je sais bien ce que c'est que de s'exposer à la chasse à un soleil brûlant ; il m'est arrivé bien des fois de rester à la chasse depuis le matin jusqu'à cinq heures du soir, et en été jusqu'à neuf heures ; je rentrais rouge comme une écrevisse et la figure toute brûlée ; c'est pourquoi j'ai la peau si rude et si brune. »

---

1. La princesse Palatine rédigeait sa correspondance en allemand. Les mots en italique sont écrits en français dans ses lettres.

Mione, citée à plusieurs reprises, est une des premières chiennes d'Elisabeth-Charlotte à Versailles, et l'une de ses préférées. Dans une missive du 20 avril 1702 à Sophie de Hanovre, la princesse raconte la rencontre inopinée de cet animal et... d'un perroquet, qu'elle avait offert à l'une des dames de la cour, Mme de Chasteauthier. « Je voulus savoir ce qu'il savait dire et le fis entrer dans ma chambre. Mes chiens en devinrent jaloux, et une chienne, qui répond au nom de Mione, se mit à aboyer après lui. Le perroquet ne faisait que dire : "Donne la patte". J'aurais voulu que vous vissiez l'étonnement de Mione quand elle entendit parler l'oiseau. Elle cessa d'aboyer, regarda fixement, d'abord lui, puis moi, et comme il continuait à parler, elle prit peur, se sauva et alla se cacher sous le sofa. Là-dessus, le perroquet rit aux éclats. »

Dans ses lettres, la princesse Palatine évoque aussi le nom de ses autres compagnons à poils : « Le parfum des chiens n'est pas ce qui manque ici dans mon cabinet. J'en ai toujours sept autour de moi : Spatou, Charmante, Charmion, Toutille, Stopdille, Millemillettemillion et Mione. Millemillettemillion n'est qu'un seul nom, mais on dit d'abord Mille, ensuite Millette, et enfin Million. » L'imagination de la princesse en matière de patronymes est sans limite !

Mais Mione meurt d'un abcès le 4 mai 1702, et Elisabeth-Charlotte en est toute retournée. « Je viens de perdre ma pauvre chienne que j'aimais le mieux de toutes, ma pauvre Mione. [...] Tel est mon triste sort, de toujours perdre ce que j'aime le mieux, car j'aurais donné tous mes chiens pour celle-là. La pauvre petite était plus attachée à moi que jamais, et ne me quittait pas d'un pas. Toute mourante elle se traînait après moi. » La princesse est si accablée qu'elle multiplie les missives pour faire partager sa peine. Sophie de Hanovre pourra ainsi lire : « Elle me manque partout, au lit, à la *promenade* ; elle couchait le matin à la *toilette* sur mes genoux, et s'installait derrière moi sur mon fauteuil quand j'écrivais. Elle était toujours avec moi et la plus jolie bête du monde, le museau trapu et de grands beaux yeux pleins de feu et d'esprit. Mais Votre Dilection[1] pensera : Liselotte est devenue folle avec son chien. »

Les épagneuls d'Elisabeth-Charlotte sont pour elle une préoccupation constante. Dans une lettre écrite à Fontainebleau, le 29 septembre 1702, elle raconte : « J'étais sortie pour

---

1. Terme utilisé envers un membre princier.

me promener en voiture dans la forêt, comme je fais tous les jours ; mais à peine étions-nous parties que le cocher nous a versées tout net : une de mes dames a eu à l'épaule et au dos des coupures faites par une vitre cassée. Il y avait sept chiens dans le carrosse ; aucun n'a éprouvé le moindre accident. »

Quelques jours plus tard, elle réaffirme son amour des chiens, mais pas n'importe lesquels… « Je n'ai plus que neuf chiens dans ma chambre [!], les roquets sont d'ordinaire très fidèles, mais moi je préfère les épagneuls ; tous mes chiens en sont, et de la même souche… »

Mione est remplacée par un autre épagneul, le roi Titi, qui est mentionné à plusieurs reprises dans sa correspondance. La première fois, le 21 janvier 1703. « J'ai un petit chien qui s'appelle Titi. Il m'efface tous les jours que j'écris, car il est très gentil. » Pendant qu'elle rédige ses lettres, ce qui l'occupe plusieurs heures quotidiennes, l'animal ne cesse de grimper sur les genoux de sa maîtresse et saute même sur la lettre en cours, occasionnant ratures et taches d'encre. Au fur et à mesure que les jours passent, Titi occupe une place de plus en plus grande dans le cœur de la princesse. En février 1704, Elisabeth-Charlotte écrit à sa tante : « Cela me fait rire que Votre Dilection dise qu'elle m'est aussi fidèle que mes chiens. Cette expression est sans doute forte de m'assurer sa grâce. Monsieur Titi est guéri. J'aimerais qu'il puisse comprendre quel honneur lui est fait, que Votre Dilection se compare à lui ; cela devrait le rendre le plus fier de tous les animaux du monde, il me commanderait plus qu'il ne m'obéirait. »

Car Titi défend chèrement sa place. « Mes petits chiens s'efforcent à me plaire comme Votre Dilection pense bien, car ils sont jaloux les uns des autres, s'en amuse la princesse. Chacun imagine donc un moyen d'arriver ses fins : Rachille s'installe d'ordinaire derrière moi sur ma chaise ; Titi se couche à côté de moi sur la table où j'écris ; MilleMillette se couche sous ma jupe sur mes pieds ; Charmion, sa mère, aboie jusqu'à ce qu'on lui place une chaise à côté de moi sur laquelle elle s'installe ; Charmante se couche de l'autre côté sur ma jupe ; Stodille est assise sur une chaise en face de moi et me fait des *mines*, et Charmille est couchée sous mon bras. Ils passent ainsi presque toute la journée. » Avec tous ces animaux autour d'elle, Elisabeth-Charlotte ne risque pas de se sentir seule !

Mais qu'on ne croie pas qu'ils l'indisposent, bien au contraire. « Mes bons chiens sont les plus aimables personnes du monde et qui sont bien peignés et frottés tous les jours. Ils ne sont pas malpropres, et savent si bien se tenir en carrosse qu'on ne s'aperçoit point qu'ils y soient. Ils me divertissent à la promenade, et font en chassant passer des cerfs et des biches et des lièvres devant moi. »

Titi, qui était né en 1702, vivra jusqu'en 1718. Elisabeth-Charlotte annonce sa disparition dans une lettre du 28 mars à sa demi-sœur Louise. « Mon pauvre Titi est mort, et a pris congé de moi comme un homme. Cela m'a réellement touchée. » Titi est en effet mort en héros, attaquant un barbet[1] beaucoup plus gros que lui « qui lui cassa les mâchoires, dont il mourut quelques jours après, sûrement bien regretté, et il le méritait par son esprit et fidélité. » À la disparition de cet animal, Elisabeth-Charlotte versera encore bien des larmes…

À Versailles, la Palatine redoute avant tout l'ennui et l'oisiveté. Alors, quand une de ses chiennes met bas de façon impromptue, cela devient un événement considérable, qu'elle s'empresse de rapporter. « Madame la princesse [du nom d'Anne de Bavière] était avec moi ; nous causions ensemble, assises sur un canapé ; voilà que Charmille, qui était derrière moi, se met à se plaindre et à se démener, comme elle faisait toujours lorsqu'elle

1. Épagneul à poils longs et frisés.

voulait être caressée. Madame la princesse me dit : “Votre chienne se démène. Qu’a-t-elle ?” Je dis : “Elle veut que je la caresse.” Je passe la main derrière moi pour la caresser, et je la trouve toute mouillée ; elle venait à l’instant de mettre bas ses petits chiens sur ma robe, qui était étalée autour de moi. Madame la princesse en rit de bon cœur. » Rarement une femme issue de la noblesse aura montré autant de simplicité en pareille circonstance !

Souvent, la Palatine parle de ses animaux, envers lesquels elle manifeste une sensibilité particulière, comme s’ils étaient des êtres humains. En mars 1712, le petit Dauphin Louis de France, arrière-petit-fils de Louis XIV, malade de la rougeole, meurt après que les médecins – au nombre de neuf ! – lui ont fait une saignée et donné de l’émétique. Louis de France n’avait que cinq ans. « Hier, écrit-elle le 17 mars, le petit chien de M. le Dauphin m’a fait pleurer. La pauvre bête vint à la tribune de la chapelle et se mit à chercher son maître à l’endroit où elle l’avait vu s’agenouiller la dernière fois ; elle regardait tout le monde d’un air triste comme pour nous demander où était passé son maître ; cela m’a fait une véritable peine… »

Liselotte aime également offrir des animaux ou les mettre en scène pour amuser les enfants.

Elle s'en explique dans une lettre de mai 1715 à sa demi-sœur Louise : « Après le dîner, quand mon petit-fils, le duc de Chartres, est venu chez moi, je lui ai donné un spectacle approprié à son âge. Trois chiens, trois pigeons et un chat. Un char de triomphe où est assise une chienne nommée Adrienne. Un gros chat traîne le char, un pigeon fait le cocher, deux autres font les pages, et un chien fait le laquais. Il est assis derrière. Le chien s'appelle Picquart, et quand la dame descend de voiture, Picquart lui porte sa traîne. Le chien danse aussi les olivettes[1] en passant par trois cercles. »

L'amour qu'Elisabeth-Charlotte manifeste pour la vie s'accompagne d'une grande lucidité rendant encore plus chère son attirance envers la gent animale. « J'ai connu, écrira-t-elle, une dame qui avait fort haï les chiens pendant qu'elle était jeune, et qui les aima fort en vieillissant. Monsieur lui demanda la raison de ce changement. Elle lui répondit : "Pendant que j'étais jeune, je trouvais assez de personnes pour m'aimer, mais en vieillissant, on ne peut être sûr de l'amitié que de ces pauvres animaux qui vous aiment, quelque changement de visage qu'on puisse avoir, et il est toujours doux d'être aimé." Voilà ce que je puis vous

1. Danse provençale.

dire en faveur de mes bons toutous, et je ne crois pas que la reine ma grand-mère les ait pu aimer plus que je fais. »

Gaieté, distraction, affection, voilà ce que les animaux ont apporté à la princesse Palatine jusqu'à la fin. Lorsqu'elle rend son dernier soupir au château de Saint-Cloud, en 1722, elle est persuadée de pouvoir revoir, dans l'autre monde, « non seulement parents et amis, mais encore toutes mes bêtes », comme elle l'avait écrit un jour à sa chère tante Sophie. Et parmi tous ses chiens, ses épagneuls chéris, qui lui auront rendu au centuple l'adoration qu'elle leur portait.

12

Le chat de Louis XV

(XVIIIe siècle)

Lorsqu'il vient au monde le 15 février 1710, le petit Louis, titré duc d'Anjou, n'est en aucun cas destiné à régner un jour. Il n'est en effet qu'un des onze arrière-petits-fils légitimes du Roi-Soleil. Parmi les prétendants au trône, les descendants de Louis XIV sont nombreux. Le premier d'entre eux, le Grand Dauphin, mis au monde par la reine Marie-Thérèse d'Autriche, est son seul fils légitime encore en vie. Ce dernier a lui-même trois fils : Louis de France, duc de Bourgogne, Philippe, duc d'Anjou, devenu roi d'Espagne en 1700, et Charles, duc de Berry. Louis de France est déjà le père de deux enfants, auxquels il a donné également le prénom de Louis. L'aîné a vécu moins d'un an – il est mort en 1705. Le second, Louis, duc de Bretagne, est né en 1707.

À partir de 1711, les événements tragiques se succèdent. Le 14 avril, le Grand Dauphin est emporté par la petite vérole. En février 1712, Louis de France et son épouse Marie-Adélaïde de Savoie succombent à une épidémie de rougeole. Dix jours plus tard, Louis, duc de Bretagne, les suit dans la tombe. Ne reste donc en lice que le jeune duc d'Anjou pour succéder à son illustre arrière-grand-père... Le 1er septembre 1715, alors qu'il n'a que cinq ans, il devient roi de France sous le nom de Louis XV.

Louis XV est une personnalité complexe. À deux ans, il a donc perdu son père et sa mère, puis son frère. Seule sa nourrice, Mme de Ventadour, a pu véritablement lui donner de l'affection. Taciturne, timide et mal à l'aise en public, le jeune monarque, sujet à des sautes d'humeur, est volontiers boudeur. Il a du mal à se distraire et n'a qu'une passion, la chasse. Bientôt, le dressage des faucons, la traque des sangliers, la chasse à courre n'auront aucun secret pour lui. Ayant bénéficié des meilleurs maîtres, il devient un jeune homme d'une belle prestance et un excellent cavalier.

Parvenu à l'adolescence, il s'agit de lui trouver une épouse digne de lui. Ce sera Marie Leszczynska, née à Breslau, en Pologne, en 1703. Leur union, très fertile dans les premiers temps – la reine lui donnera dix enfants –, décline rapidement en intensité, le roi étant réputé pour le nombre de ses maîtresses. Malgré tout, la reine lui communique sa passion des chats, et plus précisément des chats angoras, qu'elle défend envers et contre tout...

Madame Campan, lectrice des princesses royales, relate dans ses *Mémoires* une anecdote témoignant de l'affection de la reine pour son « gros chat favori » qui circulait librement dans ses appartements. Un jour, le manteau d'une des dames de la cour avec laquelle Marie Leszcynska jouait au cavagnole, un jeu de hasard ancêtre du loto, avait été déposé dans l'antichambre de la reine. Ce manteau de satin doublé de fourrure plut beaucoup au matou qui s'y pelotonna. « Malheureusement, les traces de son séjour se firent remarquer de la manière la plus désagréable sur le satin blanc de la pelisse, quelque soin que l'on eût pris pour les faire disparaître avant de la lui donner. La duchesse s'en aperçut, prit le manteau à sa main et rentra furieuse dans la chambre de la reine qui était encore environnée de presque toute sa cour : "Voyez, Madame, lui dit-elle, l'impertinence de vos gens qui ont jeté ma pelisse sur une banquette de l'antichambre où le chat de Votre Majesté vient de l'arranger comme la voilà." La reine, mécontente de ses plaintes et d'une semblable familiarité, lui dit de l'air le plus froid : "Sachez, Madame, que vous avez *des gens*, et que je n'en ai pas : j'ai des officiers de ma chambre qui ont acheté l'honneur de me servir : ce sont des hommes bien élevés et instruits ; ils savent quelle est la dignité qui doit accompagner une de mes dames du palais ; ils n'ignorent pas que, choisie parmi les plus grandes dames du royaume, vous devriez être accompagnée d'un écuyer, ou au moins d'un valet de chambre qui le remplacerait et recevrait de vous votre pelisse, et, qu'en observant ces formes convenables à votre rang, vous ne seriez pas exposée à voir vos effets jetés sur des banquettes d'antichambre." » La réaction de l'épouse de Louis XV, réputée pour sa gentillesse et sa douceur, montre à quel point il valait mieux ne pas s'attaquer à ses chats…

Dans cette première moitié du XVIIIe siècle, la vogue des chats comme animaux de compagnie est toute récente. Jusqu'ici, les matous étaient considérés comme nuisibles, car ils n'avaient qu'une idée en tête : croquer les oiseaux domestiques, alors très prisés des souverains. Mais ceux-ci ayant fini par se lasser des volatiles, place au chat, bien utile pour attraper rats et souris ! Cette attirance nouvelle pour la gent féline conduira Louis XV à interdire les bûchers où l'on jetait les chats noirs le soir de la Saint-Jean. Les malheureuses bêtes, que l'on disait compagnes des sorciers, étaient en effet considérées comme des incarnations du démon et, à ce titre, rien ne s'opposait à ce qu'elles soient détruites par le feu… Sous le règne du Bien-Aimé – surnom donné à Louis XV en raison de son amour pour les femmes –, ces pratiques, qu'il qualifiait de « tradition barbare et primitive », disparaissent définitivement, du moins dans la capitale…

Le premier spécimen de l'espèce des chats angoras turcs fut introduit en France en 1620 par Nicolas Fabri de Peiresc, qui l'avait acheté à Rome où il faisait des études, à Pietro Della Valle (1586-1652), dit Pellegrino. On doit en effet à ce dernier, célèbre explorateur et aventurier – mais aussi musicien –, qui voyagea en Turquie, en Syrie, et identifia Babylone, d'avoir rapporté de Turquie quelques chats angoras pour faire connaître leur existence en Europe. Originaire de la ville d'Ankara, appelée Angora dans l'Antiquité, ce chat à fourrure blanche et à poils longs devint l'un des hôtes les plus recherchés des cours européennes où, considéré comme un animal de luxe, il était offert en cadeau. À Versailles, il fut mis à l'honneur sans partage.

Enfant, déjà, le jeune roi était attiré par les chats. Le marquis de Calvière rapporte qu'à l'âge de douze ans, Louis possédait une chatte nommée Charlotte qui eut une portée de quatre chatons. Il les caressa tant qu'en vingt-quatre heures, trois d'entre eux étaient morts !

Devenu adulte, Louis XV se prend d'une affection toute particulière pour un chat angora blanc nommé Brillant, qui vient le réveiller tous les matins et auquel il passe tous ses caprices. Pendant les réunions du Conseil, le félin a sa place attitrée sur la cheminée, sur un grand coussin de velours cramoisi. À Versailles, le cabinet du Conseil est l'un des salons les plus luxueux du château. Ses fenêtres donnent sur la Cour de Marbre. Les boiseries ont été sculptées par Antoine Rousseau, et les dessins qui les ornent ont été confiés à Ange-Jacques Gabriel, qui a animé sa composition de petits génies symbolisant les conseils du roi en temps de paix et en temps de guerre. Le chat gambade entre les vases de Sèvres et la pendule posée sur la cheminée, fait des glissades sur le parquet bien ciré…

Louis XV apprécie tant la compagnie de Brillant que le célèbre mémorialiste Saint-Simon parle de lui comme d'un « collègue » du roi. Et gare à celui qui osera taquiner Brillant ! Preuve de l'extrême affection qu'il lui porte, le roi l'a confié aux bons soins de Louis Quentin, marquis de Champcenetz, son premier valet de chambre. L'homme était également gouverneur des châteaux de Meudon, de Chaville et de Bellevue, c'est dire l'importance que le souverain accordait à Brillant ! Mais Champcenetz, parfois, se permet quelques facéties, comme le rapporte dans ses *Mémoires* Jean-Nicolas Dufort de Cheverny, qui fréquentait assidûment la cour, où il possédait la noble charge d'introducteur des ambassadeurs… « Nous attendions tous le coucher du roi […]. Le roi avait un chat matou angora blanc, d'une grosseur prodigieuse, très doux et très familier : il couchait dans le cabinet du Conseil sur un coussin de damas cramoisi, au milieu de la cheminée. Le roi rentrait toujours à minuit et demi des petits appartements. Il n'était pas minuit, et Champcenetz nous dit : "Vous ne savez pas que je puis faire danser un chat pendant quelques minutes ?" Nous rions, nous parions. Champcenetz tire alors un flacon de sa poche, caresse le chat et fait couler abondamment dans ses quatre pattes de l'eau de mille fleurs. Le chat se rendort, et nous comptions avoir gagné. Tout à coup, sentant l'effet de l'esprit-de-vin, il saute à terre en faisant des pétarades, court sur la table du roi, jurant, cabriolant, faisant des jetés battus. Nous tous de rire aux éclats. Sur quoi, le Roi arrive *comme une bombe* ; chacun reprend sa place, le ton de décence et le maintien grave. Le roi nous demande ce que nous tenions en gaîté : “Rien, Sire, c’est un fait que nous racontions”, dit Champcenetz. À l’instant, le maudit chat reprend sa danse et court comme un enragé. “Messieurs, dit le roi, qu’est-ce qui se passe ici ? Champcenetz, qu’a-t-on fait à mon chat ? Je veux le savoir.”

L’interpellation était directe. Champcenetz hésite et conte succinctement le fait, tandis que le chat battait des entrechats. On sourit du récit pour voir dans les yeux du roi comment il prendrait la chose ; mais son visage se renfrogne : “Messieurs, reprit-il, je vous laisse ici, mais si vous voulez vous amuser, j’entends que ce ne soit pas aux dépens de mon chat.” Cela fut dit si sèchement que personne depuis ne l’a fait danser. »

Cette eau de mille fleurs était fabriquée de la façon suivante : « On ramassera au mois de mai de la fiente de vache nouvellement faite, on la pèsera & on la mettra dans une grande cucurbite de verre ou de grès, on y mêlera environ le tiers de son poids de vin blanc ; on placera le vaisseau au bain-marie, ou de vapeur, on y adaptera un chapiteau & un récipient, on luttera exactement les jointures, & par un feu assez fort on fera distiller l'humidité de la matière, ce sera l'*eau de mille-fleurs*[1]. » Si le nom de cette eau est très poétique, sa fabrication l'était un peu moins !

Le premier livre consacré à l'apologie de la gent féline, *Histoire des chats*, paraît en 1727, sous la plume de François Augustin Paradis de Moncrif. Sous forme de onze lettres adressées à la marquise de B., ce lecteur de la reine Marie Leszczynska raconte l'histoire du chat à travers les âges en faisant preuve, volontairement, d'une érudition excessive. Mal reçu par les critiques, qui ne comprennent pas qu'en réalité, il s'agit d'une parodie de la pédanterie, si courante alors, l'ouvrage est violemment attaqué. Le jour de la réception de Moncrif à l'Académie française, un plaisantin lâche un chat dans la salle des séances, et le public imite les miaulements de l'animal affolé… Moqueur, Voltaire traite Moncrif d'« historiogriffe » !

Dans son ouvrage, Moncrif évoque une grande protectrice des chats qui vivait à Versailles sous le règne du Roi-Soleil. Petite-fille

1. N. Lémery (*Pharmacopée universelle*, 1754, rubrique *Eau de toutes fleurs de Bateus*, cité par Olivier Lafon dans *Revue d'histoire de la pharmacie*, n° 323).

du Grand Condé, mariée à Louis Auguste de Bourbon, fils légitimé de Louis XIV et de Mme de Montespan, la duchesse du Maine possédait un chat nommé Marlamain, qu'elle chérissait tendrement.

Moncrif a relaté les circonstances de la mort de Marlamain. « Une demi-heure avant qu'il n'expirât, on a connu à ses inquiétudes qu'il voulait être porté dans l'appartement de son illustre maîtresse. À peine s'est-il trouvé auprès d'elle, qu'il a rassemblé tout ce qu'il lui restait de forces pour faire les adieux les plus tendres ; quelques moments après, comme on s'aperçut qu'il voulait qu'on l'emportât, pour épargner sans doute le spectacle de sa mort, on l'a remis dans sa chambre, où il a expiré. Son dernier soupir a été un de ces miaulements doux et tendres qu'il était accoutumé de faire quand il était honoré de ses caresses, qui l'ont rendu si illustre. »

Parmi les nombreuses propriétés que possédait la duchesse du Maine figurait le domaine de Sceaux. Elle y entretenait une cour princière qu'elle régentait à sa guise, car elle était réputée être très autoritaire ! Elle avait réussi à y attirer poètes et écrivains, et organisait des fêtes somptueuses où bals et jeux se succédaient. Familier de la cour de Sceaux, Moncrif, très élogieux, cite les vers « dignes d'être gravés dans le temple des Grâces » que la duchesse du Maine consacra à son chat Marlamain.

Sur le tombeau du chat, l'épitaphe, composée de la main de la duchesse, était la suivante :

« De mon minon veux faire le tableau,
Besoin serait d'un excellent pinceau,
Pour crayonner si grande gentillesse
Attraits si fins, si mignarde souplesse ;
Mais las ne suis que chétif poëtereau
Dirai pourtant qu'il n'est rien de si beau
Que Cupidon, tant joli jouvenceau,
N'a pas l'esprit ni la délicatesse
De mon minon. »

Sous Louis XIV, un autre félin eut droit à son tombeau. Née Paule Marguerite Françoise de Gondi (1655-1716), nièce du cardinal de Retz, la duchesse de Lesdiguières possédait une chatte grise aux yeux dorés qui répondait au doux nom de Ménine. À la mort de cette dernière, elle demanda à François-Séraphin Régnier-Desmarais, secrétaire perpétuel de l'Académie française et poète à ses heures, de rédiger une épitaphe pour sa chatte adorée. Celui-ci s'exécuta en ces termes :

« Cy-gist une chatte jolie.
Sa maîtresse, qui n'aima rien,

L'aima jusques à la folie.
Pourquoi le dire ? On le voit bien. »

Le château de Versailles conserve une estampe de la duchesse de Lesdiguières avec sa petite chatte dans les bras, réalisée par Pierre Drevet. Le tombeau de Ménine était surmonté d'un mausolée, où la chatte, en marbre noir, était couchée sur un coussin de marbre blanc. Sur une des faces du piédestal qui supportait le monument, la duchesse avait fait inscrire : « Cy-gist Ménine, la plus aimable et la plus aimée de toutes les chattes. » Le tombeau se dressait dans le parc de l'hôtel de Lesdiguières, situé dans la rue du même nom, qui aboutit à la rue Saint-Antoine, du côté de la Bastille. L'hôtel fut démoli au cours de la seconde moitié du XVIIIe siècle. Quand au temps du baron Haussmann, on perça le boulevard Henri-IV, on mit au jour les vestiges du tombeau de Ménine, dont on ignore aujourd'hui ce qu'il en est advenu…

Au XVIIe siècle, un grand personnage s'était déjà distingué par son amour des chats. On doit au cardinal de Richelieu, puissant ministre de Louis XIII, d'être un précurseur en la matière. Cet homme d'Église passe pour avoir été le premier à la cour à être fasciné par ces animaux énigmatiques et indépendants. Lui-même en possédait quatorze, qu'il faisait surveiller par deux serviteurs spécialement dévolus à cette tâche. Dans son Palais Cardinal, actuel Palais-Royal, une pièce spéciale, nommée chatterie, était réservée à ses chats, qu'il nourrissait de blanc de poulet et qu'il faisait soigner par son médecin personnel ! Sur certains tableaux, il figure avec une ou plusieurs bêtes, comme dans le très beau portrait brossé par Robert-Fleury et conservé à la Wallace Collection de Londres. Les journées du cardinal étant très longues – elles duraient quinze ou seize heures –, avoir ses chats angoras autour de lui le délassait.

Le cardinal avait appelé ces petites bêtes de noms plutôt inventifs : Pyrame et Thisbé (qui étaient attirés l'un vers l'autre, bien entendu, puisqu'ils portaient le nom de deux amants de la mythologie grecque…), Serpolet (qui adorait le soleil), Lucifer (noir comme le jais), Félimare (tigré), Gazette (fort indiscret), Rubis-sur-l'ongle (qui buvait son lait jusqu'à la dernière goutte), Mounard-le-Fougueux, Mimi-Paillon (un angora doré), Ludovic le Cruel, tueur de rats invétéré, Perruque (tombé de la perruque d'Honoré de Bueil de Racan, poète et écrivain), etc. Soumise, que le cardinal qualifiait de « chatte fort douce et fort caressante », était sa favorite, ce qui en dit long sur les relations qu'il entretenait avec les humains et plus particulièrement avec les femmes...

Quand il recevait ses ambassadeurs, ses espions ou ses secrétaires, Richelieu avait coutume de tenir au moins un chat sur ses genoux, qui lui apportait un calme bienfaisant. Le poète François Maynard (1582-1646), disciple de Malherbe, qui fut admis à l'Académie française – institution fondée par le cardinal –, fustige dans ses œuvres « le tyran mitré de la France [qui] trouva plutôt un cœur de chair près de la miaulante engeance » !

Richelieu avait même porté ses chats sur son testament, afin que leur entretien et leur subsistance continuent d'être assurés après sa mort. Oui, mais le cardinal était un des êtres les plus détestés de France ! À peine eut-il rendu son dernier souffle que les gardes suisses se précipitèrent dans la pièce qui abritait les chats, les étranglèrent puis, dit-on, les firent cuire pour les manger !

Jusqu'en 2007, il existait à Richelieu, ville entièrement bâtie sur ordre du cardinal, un musée du... Chat !

Louis XV, le Bien-Aimé, délaissait parfois Brillant pour se consacrer à ses chiens qui l'accompagnaient durant la chasse, une passion du roi depuis son adolescence. Le monarque connaissait le nom de tous les chiens courants de la meute. Il possédait notamment des King Charles, épagneuls nains au museau en forme de cône et à la tête ronde, qui tirent leur nom du roi anglais du XVIIᵉ siècle, Charles II. Selon le duc de Luynes, l'affection de Louis XV pour ces chiens était telle qu'il avait fait transformer la charge de capitaine des levrettes de la Chambre du roi en gouverneur des petits chiens de la Chambre du roi. Dufort de Cheverny rapporte que le Bien-Aimé choyait particulièrement un dénommé Filou, très affectueux, qualité dont Louis XV, assez au fait des faiblesses humaines, « était d'autant plus flatté qu'il savait que cet animal était peut-être le seul à l'aimer pour lui-même »… Il l'autorisait à occuper la première place dans le carrosse royal et à l'accompagner dans ses déplacements. Ce Filou portait un collier en or piqué de diamants, car n'est pas chien de roi qui veut ! À la mort du chien, qu'un célèbre vétérinaire spécialement mandé de Lyon, où il exerçait, n'avait pas pu sauver, l'abbé de Luy composa en 1767 une *Épître à Filou, petit chien du roi*, dans laquelle il évoquait son « air doux, liant et protecteur », propre à attirer les courtisans autour de lui…

À Versailles, sévissait Jean-Baptiste Oudry, le plus grand peintre animalier du XVIIIᵉ siècle. Il était par ailleurs directeur de la manufacture royale de tapisseries de Beauvais. Preuve de la considération dans laquelle il le tenait, Louis XV l'avait nommé peintre des Chasses royales. En septembre 1725, on peut lire dans le *Mercure* que « M. Oudry vient de peindre d'après nature, par ordre du roi, les portraits de quelques lévriers, dont S. M. [Sa Majesté] a été fort content ». Si content que non seulement le roi était venu en personne voir le peintre exécuter le portrait de ses lévriers Misse et Turlu, mais en plus il tint à voir ce tableau figurer dans les appartements au château de Compiègne, en compagnie de vingt-cinq autres ! Le travail d'Oudry se poursuivit pendant plusieurs années, le peintre supplantant Alexandre François Desportes, autre artiste animalier qui avait été très en vogue sous le Roi-Soleil. Parmi ces tableaux, *Misse et Turlu* est sans doute un des plus réussis : Oudry confère un caractère humain aux deux lévriers, en montrant la nervosité propre à cette race – ils semblent aux aguets –, ce qui n'enlève rien à leur grâce naturelle.

Louis XV faisait dormir ses chiens préférés dans des niches disposées le long des murs de la première antichambre… Quand le roi voulait les récompenser, tout un cérémonial se mettait en place, car il n'était pas question qu'un souverain s'active à cette tâche de ses propres mains ! Le grand maître ou, en son absence, le Premier maître d'hôtel, était donc chargé de distribuer aux animaux les plus méritants des gimblettes, de petits biscuits secs en forme d'anneau. Louis XV leur consacrait tant de temps que d'Argenson, secrétaire d'État aux Affaires étrangères, nota dans ses *Mémoires* : « Le roi fait véritablement un travail de chien pour ses chiens. »

Marie Leszczynska n'était pas en reste. Lorsque Louis XV commença à la délaisser pour mener une vie très libertine, elle reporta son affection sur ses chiens, des bichons. Dans le portrait réalisé par Carle Van Loo qui la montre en grande robe de cour, un de ses bichons figure à ses pieds… Le tableau orne le grand appartement du roi à Versailles.

Dans ses *Mémoires*, Dufort de Cheverny évoque une anecdote comique qui eut également pour cadre le château de Versailles. Un jour, la princesse de Talmond, parente de la reine Marie Leszczynska, rend visite à la marquise de Livry. Un des courtisans, le comte de Bavière, connu pour sa distraction, est présent. « Madame de Livry avait une grande levrette qui prenait tellement ses aises que, dès qu'elle voyait une bergère vide, elle ne manquait pas de s'y arranger et d'y rester jusqu'à ce qu'on la fît descendre. Monsieur de Bavière vint lui faire une visite ; tout en causant agréablement, il s'occupait du chien, tantôt lui parlant, tantôt lui faisant : “Chit ! Chit !” On vint annoncer Mme de Talmond ; le valet de chambre chasse le chien ; elle se met à sa place et la conversation s'engage. Monsieur de Bavière s'échauffe ; la distraction le suit. Il oublie que le chien est mieux remplacé ; il tend la main vers Mme de Talmond, l'appelle : “Chit ! Chit !” Elle le connaissait à peine, et elle reste interdite. Enfin, impatientée, elle lui demande ce qui peut lui attirer ces caresses déplacées. Monsieur de Bavière, étonné, sort de sa distraction ; il fait une humble inclination. “Ah ! Madame, excusez-moi, dit-il, je vous avais prise pour la chienne.” »

Les souverains avouent parfois des goûts beaucoup plus exotiques. Du temps de Louis XV, une femelle rhinocéros nommée Clara était la coqueluche de l'Europe. Van der Meer, son propriétaire hollandais, l'avait exhibée dans divers pays – Belgique, Autriche, Allemagne, Pologne, Danemark –, mais également en 1749 en France, où elle avait été examinée par le célèbre naturaliste Buffon. Les peintres tenaient à faire son portrait, dont Jean-Baptiste Oudry. Van der Meer avait tenté de vendre Clara à Louis XV, qui avait dû décliner l'offre tant le prix demandé était élevé (même pour un roi). N'ayant pu l'acquérir, le souverain avait commandé, puis fait exposer son portrait grandeur nature au château de Versailles.

Mieux encore, foi de monarque, il n'avait pas renoncé à devenir propriétaire d'une bête si peu courante. Bien des années plus tard, il se vit proposer un rhinocéros mâle par le gouverneur de Chandernagor. Il fallut plus de trois mois pour transporter l'animal depuis Lorient, où il avait débarqué en juin 1770, jusqu'à Paris, où il arriva en septembre, juché sur un chariot spécialement conçu pour lui. Il rejoignit la ménagerie de Versailles – où tigres et éléphants avaient aussi leur place –, et y coula des jours heureux. Il disposait d'un grand bassin particulier pour s'ébattre. Il fallait faire bien attention à ne pas s'en approcher de trop près, car l'animal était un tantinet agressif ! Le naturaliste Cuvier rapporte qu'il tua deux jeunes gens qui s'étaient introduits dans son parc… Quand survint la Révolution, le vieux rhinocéros était toujours en vie. Mais en septembre 1793, un coup de sabre d'un révolutionnaire mit fin à ses jours. Il fut par la suite disséqué au muséum du Jardin des Plantes par les anatomistes Jean-Claude Mertrud et Félix Vicq d'Azyr, puis naturalisé, une première à cette époque pour un animal de cette taille. Sa peau, vernie, fut tendue sur une armature de chêne et de cerceaux de noisetier.

Le rhinocéros de Louis XV se contemple aujourd'hui dans la Grande galerie de l'Évolution et son squelette est visible dans la galerie d'anatomie comparée du Muséum d'histoire naturelle.

Brillant, quant à lui, restera dans l'histoire comme le chat que Louis XV préféra peut-être à toutes les femmes qui traversèrent son existence, et auquel il permettait toutes les facéties. Pour avoir eu le privilège d'assister aux réunions du Conseil, l'animal emporta dans sa tombe bien des secrets…

13

Les colombes de Mme de Pompadour

(XVIIIe siècle)

Née en 1721 à Paris, Jeanne Antoinette Poisson se lance dans la vie mondaine en épousant un fermier général, Charles Guillaume Le Normant d'Étiolles, et en brillant dans les salons comme celui de Mme de Geoffrin. Introduite à la cour grâce à ses relations, elle est remarquée par Louis XV et devient sa maîtresse en 1745. Dès cette année-là, le souverain l'installe à Versailles et lui offre le château de Pompadour, en Corrèze, la faisant marquise. Elle aura l'intelligence de conserver l'amitié du roi jusqu'à sa mort, alors qu'elle ne partage plus son lit depuis bien longtemps. Protectrice des arts et des lettres, la marquise fait aménager avec goût ses nombreuses résidences : l'hôtel d'Évreux à Paris, futur Élysée, Bellevue à Meudon, Champs-sur-Marne, etc.

Pour elle, Louis XV fait construire en 1749 l'Ermitage de Fontainebleau, appelé depuis Hôtel de Pompadour. Quand la Cour réside à Fontainebleau, le roi s'échappe volontiers du grand château pour rendre visite à la marquise en toute intimité. Dans ce charmant petit domaine, la Pompadour élève pigeons et poules, ce qui lui permet à l'occasion d'offrir à son royal amant des... œufs à la coque tout frais ! Les travaux d'aménagement des jardins ont été confiés à l'architecte Lassurance, qui accorde une très grande attention à leur disposition ainsi qu'à celle des cours extérieures. Selon les *Mémoires* de Luynes, ce petit parc est « de toute beauté, avec un parterre de gazon orné des plus rares fleurs, de petits bosquets de chaque côté du pavillon et, à gauche, une ménagerie qui rendait ce lieu plus agréable ». La ménagerie évoquée ici est des plus modestes : elle comprend en effet un poulailler et quelques vaches laitières.

La liaison du roi et de sa favorite va durer cinq ans. Restée néanmoins pour Louis XV une amie et une confidente, la marquise demeurera à Versailles jusqu'à la fin. Très attirée par les oiseaux, Mme de Pompadour a obtenu d'y élever des pigeons, ce qui à l'époque était très courant. Ces volatiles étaient les plus prisés à Versailles. On les laissait souvent s'ébattre en liberté sous les combles… La marquise aime jouer avec, les caresser et leur parler pour se distraire, comme elle le raconte dans ses lettres.

Grande épistolière, Mme de Pompadour entretient en effet une correspondance suivie avec nombre de ses connaissances et amis. Ainsi, à la marquise de Blagni, en 1747 : « Ne voulez-vous pas venir voir mes pigeons & les baiser ? Ils font si jolis : leurs tendres caresses rappellent des souvenirs bien doux, & ne manquent jamais de faire rêver les jeunes filles : c'est pour cela que je les montre jamais à Alexandrine [sa fille]. […] Nos jolies femmes ont toujours des chiens, ou des chats ; je n'aime pas tout cela ; je n'aime que mes pigeons. »

La même année, elle écrit à la marquise de Saussais : « Il pleut toujours, et je ne saurais aller prendre l'air. Je suis réduite à rester dans mon appartement, et à caresser mes pigeons. »

En 1751, François Boucher peint pour la marquise, qui lui passait souvent des commandes, un tableau intitulé *La Toilette de Vénus* empli de sensualité, conservé au MET de New York. La déesse dénudée, entourée d'angelots et alanguie sur des tissus de satin, tient une colombe à laquelle elle s'apprête à attacher un ruban bleu.

À ses pieds est représentée une autre colombe, tout aussi blanche. Cette Vénus n'est autre que Mme de Pompadour... Elle avait joué le rôle de la déesse dans le ballet héroïque, divertissement en un acte de Pierre Laujon, *La Toilette de Vénus ou le Matin*, au cours d'une représentation donnée en 1750 au théâtre des Petits Appartements à Versailles. Cette toile ornait l'appartement des Bains au château de Bellevue, l'une des propriétés de la Pompadour offerte par le roi, ce dernier allant même jusqu'à superviser les travaux. *Le Bain de Vénus*, pendant de *La Toilette de Vénus*, était accroché dans la même pièce.

Les oiseaux exotiques ont aussi les faveurs de la marquise, qui fait construire des volières dans plusieurs de ses résidences. Faisans dorés de Chine, passereaux d'Amérique, chardonnerets blancs et autres volatiles charment tellement Mme de Pompadour qu'elle s'est plu à les faire représenter par ses peintres favoris. La marquise possède notamment un perroquet dont les mélodies enchantent la cour. Il sait chanter et siffler comme personne, et connaît par cœur les couplets de « Que ne suis-je la fougère ! », sonnet écrit par le cardinal de Bernis, homme de lettres, grand favori du roi et de sa maîtresse, et qui sera tour à tour ambassadeur, ministre et secrétaire d'État aux Affaires étrangères.

De son mariage avec Charles Guillaume Le Normant d'Étiolles, Jeanne Antoinette avait eu un fils mort en bas âge, et une fille, Alexandrine, née en 1744, qu'elle idolâtrait. Il existe un seul portrait à l'huile de cette enfant. Elle est représentée en train de donner sa pâtée à un chardonneret dont elle a ouvert la cage. Un temps attribué à François Boucher, on ne sait aujourd'hui ce que ce tableau est devenu. Le musée d'Art de Sacramento, en Californie, conserve en outre une sanguine, montrant Mme de Pompadour et Alexandrine, qui là encore joue avec une cage à oiseaux, une scène qui témoigne de l'intérêt que la marquise et sa fille vouaient à ces animaux.

Après le décès d'Alexandrine en 1754, disparue à l'âge de dix ans d'une péritonite aiguë, les animaux familiers prennent de plus en plus de place dans l'existence de la marquise, remplaçant en partie celle qui n'est plus. Avec le temps, Mme de Pompadour changera d'avis à propos des chiens et des chats, elle qui n'avait d'yeux autrefois que pour ses pigeons. Allant même jusqu'à avouer un jour à Mme du Hausset, sa confidente, qui a laissé ses *Mémoires* : « Le roi et moi comptons si fort pour vous que nous vous regardons comme un chat, un chien, et nous allons notre train pour causer. »

La marquise voue un attachement à trois chiens en particulier : Mimi, un King Charles noir de poil, taché de feu, qui figure dans le magnifique portrait de Mme de Pompadour, peint par François Boucher en 1756 et conservé à l'Alte Pinakothek de Munich ; Inès, une petite chienne havanaise[1], présente sur un portrait réalisé par le même artiste en 1759, qui se trouve à la Wallace Collection de Londres. Juché sur un banc dans un jardin, l'animal lève un regard éperdu sur sa maîtresse plus éclatante que jamais, tout de rose vêtue… Enfin, Mme de Pompadour s'amuse aussi souvent avec Bébé, une chienne caniche blanche tondue.

Mimi et Inès ont droit à leur propre portrait dans un tableau réalisé par l'un des peintres favoris de Mme de Pompadour, Jean-Jacques Bachelier[2], qui aime à célébrer le thème de la fidélité canine. La toile sera exposée au Salon de 1759. La marquise passe également une commande à Christophe Huet, qui intitule les portraits de Mimi et d'Inès *La Constance* et *La Fidélité*.

Madame de Pompadour, comme d'autres à Versailles, possède des lits ornementaux pour

1. Petit chien à poils soyeux généralement blancs.
2. Il est par ailleurs directeur de la manufacture de Sèvres de 1756 à 1793.

y coucher ses petits chiens. Dans la collection de tableaux de la favorite figure d'ailleurs une toile de Desportes représentant une niche tendue de damas bleu d'où sort un chien à poils longs.

La marquise gâte ses petites bêtes en leur offrant des colliers à boucles, à grelots, à plaque d'or ou d'argent, et fait fabriquer leurs écuelles par les manufactures de Vincennes puis de Sèvres !

Plus surprenant, Mme de Pompadour possède également un sapajou, qui répond au nom de Nicolet. Ce singe de petite taille provenant d'Amérique est décrit en ces termes par Daubenton dans son *Histoire naturelle* : « La face est sans poils, le nez est aplati, les narines sont larges, les joues garnies sur les côtés de poils fauves et clairsemés avec de grands poils noirs au-dessus des yeux, et il y a quatre dents incisives au-devant de chacune des mâchoires. »

Le singe est souvent d'humeur facétieuse, comme s'en amuse la marquise de Créquy dans ses *Mémoires*. « Le petit Nicolet, sapajou de Mme de Pompadour, avait dérobé un billet et l'avait jeté par la fenêtre, à l'imitation de ce qu'il voyait faire à la petite Alexandrine, qui se tenait toujours à la même croisée que le singe, et qui n'avait aucune autre sorte de divertissement (infortunée créature !) que celle de faire voler et de regarder voltiger en l'air des morceaux de papier blanc. Madame de Pompadour avait eu soin de prescrire et d'ordonner une fois pour toutes qu'on eût à tenir à portée de sa fille une rame de papier coupé carrément et proprement disposé dans une corbeille de Chine ; le pavé des cours de Versailles en était couvert. »

Quand elle ne rit pas des grimaces de son singe, la marquise se divertit avec des courses de chars miniatures tirés par des animaux vivants. C'est l'une des grandes distractions dans les châteaux royaux au XVIIIe siècle. Madame de Pompadour a ainsi l'habitude d'atteler à un petit carrosse six souris blanches qui évoluent devant elle. Parfois celles-ci lui mordent même les mains sans que la marquise s'en offusque !

En avril 1764, la marquise contracta une congestion pulmonaire qui allait lui être fatale. Le roi l'autorisa à rester à Versailles, alors que seules les personnes de sang royal avaient droit d'y mourir. Quand Louis XV vit la dépouille de son ancienne favorite quitter le château, il eut ces mots : « Voilà tous les honneurs que j'ai pu lui rendre, une amie de vingt ans. »

Madame de Pompadour avait légué son King Charles Mimi – Inès était morte entre-temps –, son sapajou et son perroquet au grand naturaliste Buffon. Mais son frère, le marquis de

Marigny, ne respecta pas ses volontés, comme le rapporte Dufort de Cheverny : « Vilain dans tous les détails de cette immense succession, il [Marigny] envoya à la duchesse de Choiseul un petit chien qu'elle avait demandé en mémoire de son amie, en prenant, chose incroyable, la précaution de lui ôter son collier, parce qu'il était d'argent massif. » Quand l'inélégance et la cupidité font bon ménage…

La marquise n'était pas la seule à aimer les oiseaux… Madame du Barry, qui gagna plus tard les faveurs de Louis XV, les appréciait beaucoup. Au point de posséder une spectaculaire cage à oiseaux en bronze ciselé et en cuivre repoussé. Haute de près d'un mètre, ornée de fleurs de porcelaine, elle portait des armoiries, créées tout spécialement quand Jeanne Bécu devint par la grâce du roi comtesse du Barry… La cage est conservée au musée de Versailles, dans les appartements privés du roi qui, après le décès de la reine Marie Leszczynska en 1769, n'avait pas hésité à y installer sa maîtresse…

14

Le perroquet de Casanova

(XVIIIe siècle)

« Ce fut dans ce fatal jour au commencement de septembre 1763 que j'ai commencé à mourir et que j'ai fini de vivre. »

Ainsi Casanova commence-t-il le récit d'une des aventures les plus marquantes de sa vie. L'incorrigible séducteur a trente-huit ans, et souffre pour la première fois de sa vie d'une blessure d'amour dont il va mettre longtemps à guérir. Le début, pour lui, de la déchéance.

Giacomo Casanova, né à Venise en 1725, n'en est pourtant pas à son coup d'essai : il a déjà succombé à des dizaines de femmes et en a fait succomber tout autant. Cet éternel amoureux, tour à tour violoniste, écrivain, magicien, officier de marine, espion, diplomate, bibliothécaire…, mais aussi libertin, franc-maçon et alchimiste escroc, a voyagé de ville en ville, de Venise à Rome, de Rome à Paris.

Cette fois, ses pas l'ont mené à Londres. Il s'y fait appeler chevalier de Seingalt (qu'on prononce Saint-Gall), citoyen français. On lui a promis que, dans cette capitale d'outre-manche, tout est possible à qui possède assez d'argent. Londres est pourtant une ville dans laquelle il ne se sent guère à l'aise. Il n'a jamais oublié que c'est pour partir en tournée dans la capitale anglaise que sa comédienne de mère l'a abandonné, tout petit. Un abandon dont il ne s'est jamais vraiment remis. À Londres, il souffre de solitude, une solitude si déconcertante qu'il se voit réduit à apposer un écriteau à sa fenêtre pour trouver une compagne ! Et puis, il y a cette langue, dont il n'arrive pas à prononcer un traître mot ; le voilà perdu dans un univers auquel il ne comprend rien.

Le Vénitien finit cependant, à force, par rencontrer du beau monde, nouer quelques amitiés qui l'entraînent droit vers une jolie demoiselle, une certaine Marianne Chapillon. La belle a les mœurs légères et une sulfureuse réputation de briseuse de cœur. Il se souvient l'avoir déjà rencontrée à Paris, sous le nom de Mlle de Boulainvilliers. C'était dans une boutique de mode, où il lui a offert des colifichets. Il se rappelle aussi que la mère de la donzelle lui a emprunté de l'argent et que les dames se sont volatilisées sans le rembourser. Casanova prend prétexte de cette dette pour les revoir, encore et encore. En vérité, il est déjà amoureux. Il faut dire que Marianne Chapillon est d'une beauté à couper le souffle : elle a dix-sept ans, un corps élancé et souple, une peau laiteuse et claire, les yeux bleus, « à la fois languissants et vifs ». Ses cheveux, surtout, sont splendides : blonds, d'une longueur et d'un volume étonnants. Casanova est subjugué par sa démarche, mais surtout par son charme insolent. Car insolente, elle l'est : dès leur première rencontre, Marianne se moque de l'épisode de la pancarte. Elle lui jette au visage qu'elle a failli répondre à l'annonce, pour le seul plaisir de se rire de lui. Le voilà prévenu. Mais qu'importe : cette façon qu'elle a de le défier excite au contraire son désir au plus haut point. Il brûle de la revoir et de la posséder.

Le jeu du chat et de la souris va durer ainsi plusieurs semaines. La Chapillon joue avec ses nerfs, passe du feu à la glace, le cajole, l'ensorcelle. Puis elle le rejette avec mépris.

Rien n'y fait. Ni son argent, ni l'art libertin dans lequel il excelle. Pour la première fois de sa vie, Casanova est dépassé par une fausse ingénue, manipulée par sa mère maquerelle. Dupé, roué, joué, il boit jusqu'à la lie son humiliation et manque même de se suicider. Le jour où il la surprend au lit avec un jeune perruquier, il tombe de haut : il comprend surtout qu'il a quitté à jamais le monde de la jeunesse. Plus rien ne semble pouvoir lui redonner le goût de vivre. Il languit et se traîne, jusqu'à sa rencontre inopinée avec... un drôle d'animal !

Un jour, promenant son ennui par la ville, il est attiré par un brouhaha inhabituel. On s'apostrophe, on rit. Il s'approche. Le voilà arrivé au marché aux Perroquets de Londres. Aras, perruches, perroquets en cage. Marchands en turbans pour certains, catogans pour les autres. Les couleurs sont vives, les cris assourdissants. Chacun vante son animal, son plumage, les mots qu'il a appris, avec des animaux qui crient à qui mieux mieux. La mode est à l'exotisme et les marquises raffolent de ces oiseaux qui animent les salons et donnent du sel aux conversations. Il y a donc foule.

Casanova a d'emblée l'œil attiré par un beau perroquet gris et rouge, perché dans une cage dorée toute neuve. Il a appris quelques mots d'anglais, mais demande à Jarba, son serviteur antillais, de lui servir d'interprète. Il veut savoir quelle langue parle l'animal. Il n'a pas vraiment envie d'un volatile anglophone, car cette langue l'insupporte. Jarba parlemente un moment avec le vendeur, et revient vers son maître. Il le rassure :

– Il est jeune et ne connaît encore aucun mot. À vous de lui apprendre la langue qu'il vous plaît, anglais, français, grec ou même chinois si cela vous chante. Son prix est de dix guinées.

Casanova est tenté. Cela lui fera une compagnie, et il serait amusant de l'éduquer. Il décide de l'acheter, paie au vendeur les dix pièces qu'on lui demande sans marchander et fait envoyer la cage à son domicile.

En fin de journée, le voilà chez lui, tournant en rond d'impatience. Il y a longtemps que, dans son ennui et sa tristesse, il n'a pas ressenti une telle hâte. Il a fait acheter un perchoir neuf, et envoyé Jarba chercher quelques graines et fruits au marché. L'oiseau aura certainement faim en arrivant. Casanova imagine déjà le gâter de friandises comme un enfant. Lorsqu'on lui annonce le commis, Casanova ne peut réprimer un sourire de satisfaction. Il le fait entrer, lui prend la cage des mains et installe le perroquet à côté de son lit. Tout près de lui.

Les jours qui suivent ramènent de l'entrain dans la maison, mais pas encore de gaieté dans le cœur de Casanova, qui passe ses journées à ruminer ses malheurs. Il n'arrive pas à chasser de son esprit la belle Marianne, la blancheur de sa peau, sa voix, son sourire enjôleur. Mais au désir succède peu à peu la haine :

– Miss Charpillon est plus putain que sa mère, confie-t-il au perroquet.

À peine a-t-il prononcé cette phrase que quelque chose se passe. L'intérêt de l'animal est éveillé ; son regard se fait plus vif, il penche sa tête en le dévisageant.

Soudain, Casanova sourit :

– Miss Charpillon est plus putain que sa mère ! Miss Charpillon est plus putain que sa mère !

Est-ce le besoin de se libérer d'un poids ? Ou a-t-il en tête, déjà, sa petite vengeance ? Il assurera plus tard, à qui veut l'entendre, que c'est sans malice, que pendant plusieurs semaines, matin et soir, il a répété, en articulant bien, cette phrase au perroquet. « J'ai entrepris cette plaisanterie ainsi pour rire, et certainement sans aucun méchant dessein. »

Et, bien entendu, à force d'entendre la ritournelle, voici qu'un matin le perroquet ouvre le bec à son tour :

– Misss... Charrrrpillon est plus putain... que sa mèrrrrre !

Puis il part dans un grand éclat de rire, caquetant à tout-va.

– Misss... Charrrrpillon est plus putain... que sa mèrrrrre !

Le perroquet est content de son jeu car il s'esclaffe à nouveau. Petite touche personnelle du plus grand effet !

Casanova est encore couché, mais quand il entend son perroquet, il saute de son lit, enfile sa robe de chambre et court lui chercher des friandises. Il le couvre de compliments. Jarba, de son côté, est venu aux nouvelles, et le perroquet, ravi d'un nouvel auditoire, recommence son manège.

Le lendemain, Goudar, ami et confident du Vénitien, lui rend visite. Il a suivi de près l'aventure « Charpillon » et vient prendre des nouvelles du désespéré. Ou du moins de l'ex-désespéré. Car Casanova exulte. Celui-ci l'emmène voir son nouvel ami, héros du jour qui, une fois de plus, lance son imprécation « Miss Charrrrpillon est plus putain que sa mèrrrrrrre », avant de s'esclaffer.

Goudar rit, mais il est pragmatique : il entrevoit la fortune que Casanova pourrait se faire avec un tel phénomène. Pourquoi ne l'emmènerait-il pas au marché ? Il pourrait le vendre au moins cinquante guinées ! Casanova s'est cependant attaché au perroquet, et ne souhaite pas s'en débarrasser. Mais l'idée de faire entendre au tout-venant des insultes sur sa perfide maîtresse l'enchante. Quel plaisir de faire savoir au monde que la coquine est une p..., sans craindre les foudres de la justice anglaise, pointilleuse sur la diffamation !

Il charge donc Jarba de se rendre au marché aux Perroquets avec l'oiseau, criant à tue-tête sa ritournelle. Puisque Jarba est Antillais, il s'avère très crédible en maître de l'exotique psittacidé.

Pendant deux ou trois jours, le perroquet lance son insulte sans éveiller beaucoup de curiosité : il parle français et la plupart des acheteurs ne le comprennent pas. Mais bientôt, un ancien amant de la Charpillon, passant par là, comprend de qui l'oiseau se moque. Il tend l'oreille, peut-être a-t-il des notions de français ou s'est-il fait traduire les cris du perroquet. Toujours est-il que la nouvelle se répand comme une traînée de poudre dans la capitale anglaise – où la jeune Marianne a déjà fait des ravages auprès de la gent masculine –, particulièrement auprès des libertins. Au fond, personne n'est dupe, chacun sait que Jarba est le serviteur de Casanova. Il n'est pas difficile d'imaginer qui a éduqué le perroquet. Mais chacun fait mine de l'ignorer.

Le cercle des curieux grandit, chaque jour un peu plus, au marché des Perroquets. On écoute l'oiseau, on rit, et on commence à marchander pour acheter la cage et son contenu. Le prix est un peu élevé : on veut bien rire, mais pour moins de cinquante guinées. Jarba propose donc à son maître de baisser le prix. Hors de question ! Il tient sa vengeance et cela lui suffit. Casanova a plaisir, chaque soir, à retrouver son ami à plumes, qui brise sa solitude et apporte de la gaieté dans son appartement londonien.

Mais les exploits du perroquet font tant de bruit qu'au bout de quelques jours, l'affaire arrive aux oreilles des Charpillon, fille, mère, grand-mère et tantes. Elles sont venues sur place découvrir de leurs propres yeux le phénomène. Si Marianne a bien ri, il n'en est pas de même du reste de la famille. C'est que la belle fait vivre tout le monde, il n'est pas question de déprécier la marchandise ! Elles consultent des avocats qui tous le leur confirment : il n'existe pas de loi contre les perroquets bavards. Cependant, elles pourraient gagner fort cher si elles réussissaient à prouver qu'il est l'élève du Vénitien. L'ami Goudar s'empresse de rapporter les ragots et les nouvelles à Casanova, qui, prudent, ne met jamais les pieds au marché. L'affaire gonfle au point de faire les choux gras des journaux : le *Saint James Chronicle*, une gazette londonienne, lui consacre un article où l'on se gausse des maquerelles, trop pauvres ou trop avares pour acheter le perroquet et le faire taire ! L'animal est devenu la mascotte de tous les amoureux bafoués de la jeune femme.

Casanova commence à sentir pourtant que l'histoire va un peu loin. À Londres, les témoins s'achètent facilement, et il serait aisé pour la famille outragée de trouver deux ou trois personnes prêtes à jurer sur leur foi, contre une bourse bien remplie, qu'elles ont vu Casanova éduquer l'animal ; il perdrait le procès. Il n'a guère envie de tenter le diable.

Aussi, lorsque le nouvel amant de la jeune Marianne, lord Grosvenor, propose d'acheter le perroquet pour cinquante guinées – il est fou d'amour et ne pourrait souffrir le moindre manquement à sa dulcinée –, Casanova se résout à céder son cher oiseau. Ainsi se terminent les aventures anglaises de Casanova. Il embarque pour la France et ne remettra plus jamais les pieds outre-manche. Mais entre-temps, son perroquet lui aura procuré un plaisir bien inoffensif.

15

Les chèvres de Marie-Antoinette

(XVIIIe siècle)

Jouer à la fermière… Marie-Antoinette a quitté l'Autriche en 1770, à l'âge de quinze ans, pour devenir l'épouse de Louis XVI et consacrer ainsi l'alliance entre son pays et la France. Dès son arrivée, elle a été confrontée à la rigidité de l'étiquette au château de Versailles. Pour fuir cette atmosphère si corsetée, qui lui pèse de plus en plus au fil des ans, elle commande en 1783 à l'architecte paysagiste Richard Mique un véritable hameau, situé dans la partie nord de son jardin anglo-chinois du Petit Trianon. Elle pourra y jouer à la fermière en toute tranquillité, retrouvant les charmes de la vie paysanne, entourée de ses dames de compagnie.

Mique se lance dans l'entreprise et, au bout de quelques années, surgit de terre un village de chaumières de style normand, disposées autour d'un lac, dont la construction a exigé de gros travaux afin de modeler le paysage.

Ce hameau est tout droit sorti de l'imaginaire des récits de voyage publiés à l'époque, et illustrés par des peintures. C'est celui d'une campagne idéalisée où le pittoresque l'emporte, et qui n'a que peu de ressemblance avec la réalité.

Un premier ensemble, réservé à l'usage de Marie-Antoinette et de ses invités, se compose d'un moulin, d'un boudoir, d'un billard, de la maison de la reine et de la laiterie de propreté, où les produits laitiers sont goûtés par la souveraine. Elle est plutôt chic pour une laiterie, avec ses tables de marbre sur lesquelles on dispose de la vaisselle de porcelaine de Sèvres, Sa Majesté oblige ! Recouvert d'un toit de roseau, pourvu d'un escalier de pierre, le boudoir, constitué d'un salon et d'une garde-robe, est entouré d'un petit jardin clos. Ce moulin n'est pas un bâtiment de pacotille : on peut y moudre le grain et il possède également un lavoir.

Plus loin se dressent la grange, le colombier, le poulailler, la laiterie de préparation – où sont fabriqués crèmes et fromages ; on y écrème le lait et on y bat le beurre –, ainsi que la ferme et ses annexes. Mise en service en 1785, elle a été construite un peu à l'écart du village, pour que les odeurs ne gênent ni la reine ni les gens de bonne compagnie qui lui rendent visite.

Une des maisons est plus spécialement réservée à l'usage domestique : dans le réchauffoir qui comporte une grande cuisine, un garde-manger et des petits offices, on tient à bonne température les plats venus des cuisines du Petit Trianon ; ils seront servis lors des dîners donnés à la maison de la reine ou au moulin. Dans les chaumières, Marie-Antoinette a fait installer de vraies familles de paysans qui s'occupent des animaux et du potager. Autour, dans les champs labourés, on cultive l'orge, le seigle, l'avoine, le sarrasin et les pois.

Chaque maison possède son propre jardin, planté de choux pommés de Milan, de choux-fleurs et d'artichauts, entouré d'une haie de charmille et délimité par des châtaigniers. Le long des rampes des escaliers sont disposés des pots contenant des jacinthes et des quarantaines, variété de giroflées. Autour, pommiers et cerisiers s'épanouissent dans des vergers.

Si les chaumières abritent plutôt un décor d'opérette – on leur a donné l'apparence de la vétusté : briques vieillies, fausses lézardes, crépis abîmés tout exprès, murs peints en fausses pierres de taille –, la ferme, au contraire, constitue une véritable exploitation, abritant un cheptel varié, avec des animaux que la reine a fait venir tout exprès de Suisse. Elle est dirigée par un bouvier de Touraine, Valy Bussard, sa femme et ses deux enfants.

Marie-Antoinette avoue un faible pour ses dix chèvres, élevées pour fabriquer du fromage, ainsi que pour un bouc à quatre cornes, qu'elle a souhaité « blanc et pas méchant ». La ferme compte aussi des poules et des lapins, des veaux, un taureau, des vaches, dont deux d'entre elles, Brunette et Blanchette, ont les faveurs de la famille royale. Car la reine n'est pas la seule à aimer se projeter dans un monde rural. Louis XVI apprécie beaucoup ce retour à la terre, même symbolique, et les enfants royaux également.

Quand elle se trouve au Hameau, Marie-Antoinette abandonne ses tenues d'apparat pour des robes en coton léger aux couleurs claires, appelées « gaules » avec, sur les épaules, un fichu de gaze et un chapeau de paille sur les cheveux, qu'elle dénoue volontiers. Du haut de la galerie de la maison de la reine, elle peut suivre des yeux, ainsi vêtue, les travaux des champs. Un comportement qui va faire scandale. Quoi, Marie-Antoinette ose mettre de côté la majesté royale qui devrait être la sienne et que ses sujets voudraient lui voir conserver, afin de se prendre pour une femme ordinaire ? Une lubie d'un goût douteux, alors que le peuple souffre de la misère...

En 1783, Louis XVI achète le domaine de Rambouillet, dont il compte ménager la surprise à sa femme, car il se montre toujours désireux de lui faire plaisir. Dans la ferme royale de Rambouillet, trois cent soixante moutons mérinos sont élevés en plein air. C'est le roi en personne qui les a fait importer d'Espagne. Mais quand son époux lui montre sa nouvelle acquisition, Marie-Antoinette est fort déçue, comparant le domaine à un désert, voire à une crapaudière ! Le roi n'a alors qu'une idée en tête : réparer sa bévue à tout prix pour voir le sourire revenir sur les lèvres de la jeune femme. Il charge dans le plus grand secret l'architecte Jean-Jacques Thévenin de bâtir une laiterie en reprenant le style que Mique a inventé pour le Hameau de Versailles.

Conçue comme un petit temple circulaire à côté d'une chaumière en coquillage, cette laiterie renferme un décor original : une pièce de fraîcheur qui débouche sur une grotte « naturelle ». Parmi un amoncellement de rochers imaginé par le peintre Hubert Robert, une statue de marbre blanc représente la nymphe Amalthée conduisant la chèvre qui a nourri

Zeus quand il était bébé... Car le roi connaît bien l'attachement de son épouse à cet animal. Deux rangées de jets d'eau jaillissent du sol, sur lesquels on pose des vases antiques remplis de lait pour les rafraîchir ! La reine tient salon dans cette grotte extravagante, où l'on déguste lait frais, fromages et autres productions laitières réputés bons pour la santé.

La porte d'entrée de la laiterie est flanquée de deux colonnes et surmontée d'un fronton décoré d'un médaillon de marbre : sur celui-ci figure une vache allaitant son veau. Ainsi, où qu'elle se trouve, Marie-Antoinette est en présence d'animaux, même sculptés dans le marbre !

Pour orner les niches et les consoles de l'antichambre, le roi n'a pas lésiné sur la dépense. En 1787, il fait spécialement fabriquer de la vaisselle en porcelaine de Sèvres : pots à têtes de chèvres, terrines (jattes) à pattes de vaches, sucriers et gobelets ornés de cornes animales, de vaches ou de chèvres, jarres « tétons » montées sur trépied à sabot de chèvre – bols en forme de sein dont la légende assure qu'ils auraient été moulés d'après nature sur Marie-Antoinette en personne... L'omniprésence de la chèvre dans cette précieuse vaisselle montre bien l'intérêt et l'affection que la reine portait à son petit troupeau versaillais !

C'est durant son enfance que la future reine de France a développé l'amour qu'elle porte aux animaux. À Vienne, autour des onze enfants de l'empereur François et de l'impératrice Marie-Thérèse, gambadaient toujours des chiens et des chats, qui figurent d'ailleurs sur de nombreux tableaux réalisés à la cour d'Autriche. Dans *La Famille impériale en 1755*, peinture de Martin Van Meytens le Jeune conservée à Versailles, deux épagneuls nains sont représentés au premier plan en train de jouer.

Quand elle arrive en France à l'âge de quinze ans, Marie-Antoinette n'est alors qu'une enfant. Une enfant qui cherche à se divertir. Aux occupations sérieuses qu'on veut à tout prix lui imposer, elle préfère monter à cheval, faire des courses juchée sur un âne, ou jouer avec ses chiens, des mops et des carlins.

Tant qu'elle n'est que Dauphine, la jeune Autrichienne obtient de conserver ses chiens auprès d'elle, dans sa chambre, comme le rapporte dans ses *Mémoires* l'abbé de Vermond, son lecteur à la cour de France. Elle dispose de petits lits ornementaux pour les y coucher. Et chaque jour, ceux-ci ont droit à un poulet, spécialement déposé à leur intention…

Marie-Antoinette éprouve un tel attachement pour ses compagnons à quatre pattes qu'une fois montée sur le trône, lorsqu'elle fera fabriquer des meubles pour Versailles et notamment pour son boudoir, elle demandera au maître ébéniste Georges Jacob de dessiner des têtes de petits chiens aux accotoirs des fauteuils !

À Versailles, la jeune femme continue à pratiquer l'équitation – l'un de ses passe-temps préférés quand elle était en Autriche –, contre l'avis de sa mère, qui lui écrit des lettres incendiaires, en lui rappelant que cette activité n'est pas digne d'une souveraine. Durant ses sorties, la reine de France est toujours accompagnée de chiens courants : ils figurent dans les tableaux commandés aux artistes de son choix. Le musée national des châteaux de Versailles et de Trianon conserve ainsi deux toiles de Louis-Auguste Brun, dit Brun de Versoix, intitulés *Marie-Antoinette à cheval*, où la jeune femme chevauche entourée d'un chien courant et d'une levrette. Le Tout-Paris se rend au bois de Boulogne, où la souveraine monte ses chevaux anglais, pour l'observer en croupe soit à califourchon soit en amazone, une passion plus qu'inconvenante pour une reine !

Son amour des chiens, Marie-Antoinette le partage avec celui qui sera son amant, Axel Fersen, un Suédois rencontré lors d'un bal masqué à Paris en 1774. Entre eux se sont noués des liens assez étroits, dont témoigne leur abondante correspondance, pour qu'en 1791, Fersen organise la fuite de la famille royale des Tuileries. Fersen possède un chien, Odin, qui l'accompagne dans tous ses voyages. Ayant remarqué combien la reine est attirée par l'animal, le Suédois s'arrange pour lui rapporter un chien (peut-être un cocker) nommé Thisbé. Quand, en août 1792, la famille royale est transférée à la prison du Temple, Thisbé se trouve encore auprès de la reine. Et sans doute est-il demeuré sur place après l'incarcération de sa maîtresse à la Conciergerie.

Les derniers moments de Marie-Antoinette seront tragiques. Elle verra disparaître son époux, puis sera séparée de ses enfants. Sa fille aînée, Mme Royale, sera la seule survivante de la famille. Des épisodes terribles, au cours desquels Marie-Antoinette fera preuve d'une très grande dignité, emportant peut-être avec elle, au moment de monter sur l'échafaud, le souvenir de sa vie insouciante au Hameau, ce petit coin de campagne où elle se sentait libre et heureuse, entourée de ses dix chèvres.

16

Les cygnes noirs de Joséphine

(XIXe siècle)

En 1799, Joséphine de Beauharnais, épouse de Napoléon Bonaparte qui n'est alors que Premier consul, fait l'acquisition du château de Malmaison, situé à l'ouest de la capitale. Sitôt devenue propriétaire, elle n'a de cesse d'agrandir le domaine qui, à son apogée, atteindra sept cent vingt-six hectares.

Très rapidement, plus encore que le palais des Tuileries, Malmaison va devenir le cœur du gouvernement de la France. C'est dans ce domaine que le Premier consul a l'idée de créer la Légion d'honneur, là aussi qu'il commence à envisager les premières négociations avec le pape Pie VII en vue du Concordat.

Veuve, Joséphine a deux enfants de son premier mariage : Eugène et Hortense. Comme ils sont férus de théâtre, elle fait construire en 1802 une petite salle de spectacle où ils se produisent. L'on y voit également monter sur scène Lucien et Jérôme Bonaparte, deux des frères de Napoléon, ou encore des diplomates et des militaires comme Bourrienne, Junot et Savary...

Dans le parc, qu'elle va peupler d'animaux, Joséphine ordonne d'abord de planter des arbres. En 1800, après la victoire de Marengo sur les Autrichiens, un mélèze toujours vert, ou cèdre du Liban, est mis en terre ; il est depuis passé à la postérité sous le nom de cèdre de Marengo.

Puis la propriétaire des lieux se lance dans des constructions variées : d'importantes écuries voient le jour, suivies d'une grande serre chaude en 1803 et, l'année suivante, d'une vacherie – où sont installées des vaches suisses –, d'une laiterie et d'une maison pour le pâtre. En 1805, la grande serre chaude est achevée et une bergerie sort de terre, afin d'accueillir un troupeau de cinq cents moutons mérinos.

Férue de botanique et attirée par les animaux rares, Joséphine souhaite réaménager le parc à son goût. Mais pas question d'écouter Fontaine, l'un des architectes officiels de l'Empire, qui envisage de tracer des allées toutes droites ! Non, ce que désire Mme Bonaparte, c'est un parc à l'anglaise, avec des allées tortueuses et, disséminés de-ci de-là, des fabriques, des grottes, des rochers, un temple de l'Amour, etc.

Elle découvre son alter ego en Louis-Martin Berthault, qu'elle fait venir à Malmaison à partir de 1805 : cet architecte décorateur et paysagiste fait creuser la rivière, agrandit la bergerie, réalise le décor de la serre et remodèle entièrement le parc selon les désirs de son illustre commanditaire. Le cours d'eau vise à régulariser le débit du ruisseau de Malmaison, qui s'élargit en un lac sur lequel les barques peuvent naviguer. Hortense et ses amies, l'impératrice et ses dames de compagnie, son fils Eugène apprécient beaucoup cette activité. Sur les étangs de Malmaison, les visiteurs découvrent alors une variété de volatiles inconnue : un couple de cygnes noirs. Comment donc sont-ils parvenus jusqu'ici ?

En octobre 1800, Nicolas Baudin (1754-1803), capitaine de vaisseau, passionné de botanique et de zoologie, est chargé par Bonaparte de partir à la découverte des côtes australiennes. Il prend la tête d'une expédition destinée à convoyer des savants à bord de deux navires, le *Géographe* et le *Naturaliste*. Parvenus sur les terres australes des mois plus tard, lui et ses compagnons remontent la Swan[1] River, où ils découvrent des colonies de cygnes noirs, spécimens inconnus en Europe. Ils en capturent quelques-uns et décident de les rapporter en France.

Mais comme plusieurs de ses compagnons, Baudin succombe en 1803 à la tuberculose lors de l'expédition de retour, qui doit s'arrêter sur l'île de France (actuelle île Maurice). Le convoi repart l'année suivante. À bord des bateaux se trouve une incroyable cargaison à destination des savants du Muséum d'histoire naturelle : des dizaines de milliers de plantes inconnues, des carnets de voyage, deux mille cinq cents échantillons de minéraux, des dizaines d'animaux, souvent morts, parfois vifs. Parmi eux, un couple de cygnes noirs. Quand Joséphine apprend la nouvelle, elle confisque en quelque sorte ces rescapés, qui iront s'ébattre sur les étangs de ses jardins. Et qui sauront s'adapter à merveille ! En effet, pour la première fois en Europe, cette espèce rarissime réussit à se reproduire à Malmaison en captivité.

Ces cygnes ont été immortalisés par Léon de Wailly en 1806 sous forme d'une gouache,

1. Cygne, en anglais.

conservée à la bibliothèque centrale du Muséum national d'histoire naturelle. Des cygnes qu'on retrouve également, sculptés, dans le salon de compagnie de l'impératrice ou dans d'autres pièces de Malmaison.

Comme le couple se reproduit à vive allure, Joséphine offre des nichées de cygnes noirs à toutes les têtes couronnées d'Europe, faisant proliférer l'espèce bien au-delà des frontières ! À la mort des cygnes, la femelle est naturalisée et trône toujours au rayon des palmipèdes, dans le bunker souterrain de la zoothèque du Muséum, en compagnie d'un émeu rapporté par l'expédition Baudin…

Car en même temps que les cygnes, de rares émeus ont été capturés sur l'île Decrès – actuelle île Kangourou –, en Australie : ces grands oiseaux aux ailes très réduites rejoignent aussi, à la demande de l'impératrice, Malmaison. Au fil des ans, elle introduit dans le domaine des kangourous qui évoluent dans un enclos spécialement aménagé à leur intention, des gazelles, des lamas, ou encore des zèbres, rapportés lors d'autres missions scientifiques, fréquentes à l'époque, sans oublier de nombreux oiseaux exotiques : faisans dorés de Chine, casoars, autruches, perroquets aux couleurs éclatantes. Des oiseaux que l'on retrouve sous forme de décor sur les somptueux vases fabriqués à la manufacture de Sèvres, dirigée par Alexandre Brongniart.

Joséphine a consenti à ouvrir Malmaison aux membres de l'Institut et aux administrateurs du Muséum d'histoire naturelle, qui voient en elle une véritable protectrice. Grâce à elle, ces animaux exotiques sont visibles et étudiés pour la première fois en France, tout comme bon nombre de plantes exotiques. La belle Créole souhaitant reproduire chez elle la végétation qu'elle a connue durant sa jeunesse en Martinique, ce ne sont pas moins de deux cents espèces nouvelles qui fleurissent pour la première fois dans l'Hexagone et qui plus est à Malmaison : le magnolia pourpre, l'hibiscus, le phlox, le camélia, le dahlia, la pivoine arbustive, etc. Elle rassemble en outre une importante collection de bruyères et voue la même passion aux roses, dont elle inventorie près de deux cent cinquante espèces. Pour répertorier sa magnifique roseraie, Joséphine fait appel à l'un de ses artistes favoris, Pierre-Joseph Redouté (1759-1840), qui réalise des dessins de roses d'une finesse exquise, devenus des références en la matière.

En souvenir de celles qui ont charmé son enfance, Joséphine possède aussi des volières, l'une de ses passions. Elles sont installées aussi bien dans le parc que dans le vestibule d'honneur de Malmaison, où les oiseaux accueillent les invités en piaillant. C'est une débauche de couleurs que découvrent les yeux enchantés des visiteurs. Colibris, jacamars, promerops, rubis-topazes, tangaras, manakins, todiers, pigeons de toutes espèces garnissent les cages du gracieux château.

Connaissant l'attirance sans limite de l'impératrice pour la gent animale, le gouverneur de Martinique lui envoie une femelle orang-outang, la vedette de Malmaison, qui amuse beaucoup l'assemblée ! « Lorsque quelqu'un s'approchait de la chaise où elle était assise, c'était une curieuse chose que de la voir ramener sur ses cuisses les pans de sa longue redingote, prendre pour saluer un maintien plein de décence et de modestie. Elle mangeait à table, et se servait fort adroitement du couteau et de la fourchette, surtout pour découper des navets, mets dont elle était folle. Quand elle avait dîné, une de ses grandes joies était de se couvrir le visage avec sa serviette, et puis de l'ôter en faisant mille grimaces risibles », rapporte dans ses *Mémoires*, Mlle Avrillion, compagne fidèle et gouvernante de Joséphine, qui demeure à Malmaison.

Napoléon Bonaparte a horreur de rester longtemps à table. Au bout de dix minutes de présence, il considère que son repas est terminé. Joséphine finit alors de manger avec ses invités et sa femelle orang-outang ! Malheureusement, celle-ci ne vivra pas longtemps, incapable de supporter les hivers froids et humides de Malmaison.

Avant de lier son sort à celui de Napoléon Bonaparte, Joséphine a connu quelques déboires. Épouse d'Alexandre de Beauharnais, elle s'est retrouvée enfermée pendant plus de trois mois à la prison des Carmes à Paris, ancien monastère de la rue de Vaugirard, en même temps que son mari, accusé de trahison alors qu'en 1791, il était président de l'Assemblée constituante. Mais en 1794, la Terreur guillotine à tout va. Pendant leur incarcération, leurs enfants, Eugène et Hortense, craignent le pire pour eux. Ils parviennent à faire passer des messages à leur mère dans le collier de Fortuné, le premier carlin de Joséphine. Celle-ci échappe à la guillotine, mais pas son époux, exécuté le 24 juillet.

Après avoir été la maîtresse de Barras, qui a favorisé l'ascension de Bonaparte, Joséphine fait la connaissance de ce dernier. Tombé fou amoureux de la jeune femme, Napoléon Bonaparte l'épouse en mars 1796. Celui-ci a raconté à Antoine Vincent Arnault[1], l'un de ses

1. Poète et homme politique qui l'avait suivi lors de l'expédition d'Égypte.

amis, une anecdote savoureuse survenue lors de leur nuit de noces et qui met en scène le carlin Fortuné : « Vous voyez bien ce monsieur-là ; c'est mon rival. Il était en possession du lit de Madame quand je l'épousai. Je voulus l'en faire sortir : prétention inutile ; on me déclara qu'il fallait me résoudre à coucher ailleurs ou consentir au partage. Cela me contrariait assez, mais c'était à prendre ou à laisser. Je me résignai. Le favori fut moins accommodant que moi. J'en porte la preuve à cette jambe. »

Si Napoléon Bonaparte aime éperdument sa femme, il éprouve une aversion non dissimulée pour les chiens, et cette première expérience avec Fortuné n'est pas pour lui donner tort ! Quand le couple voyage ensemble, le carlin est relégué sur ordre express de l'empereur dans une deuxième voiture, avec tout de même, pour veiller sur lui, un serviteur personnel appartenant au service de la garde-robe !

On sait à quoi ressemblait le chien de Joséphine grâce à la description qu'en a laissée Arnault : « Fortuné n'était ni beau, ni bon, ni aimable. Bas sur pattes, long de corps, moins fauve que roux, ce carlin au nez de belette ne rappelait sa race que par son masque noir et sa queue en tire-bouchon. »

Très vite, Bonaparte part pour la campagne d'Italie, laissant Joséphine à Paris. En 1797, il lui demande de le rejoindre dans la propriété de Mombello, en Italie, où il reçoit sa famille et ses amis. C'est là que Fortuné périt, étouffé par un imposant bâtard appartenant au cuisinier.

En Italie, Joséphine n'est pas venue seulement pour voir son époux, mais aussi son amant, un jeune militaire du nom d'Hippolyte Charles qui est en poste là-bas. Celui-ci, mis au courant de la perte du petit chien de sa maîtresse à Mombello, s'empresse de lui offrir un nouveau carlin, qui tombe malade. Bonaparte, ignorant tout de la liaison entre Joséphine et Hippolyte, dépêche au chevet de l'animal Pietro Moscati, le plus illustre médecin que l'on puisse trouver en Italie. Il parvient à remettre l'animal sur pied, ce qui lui vaudra la reconnaissance éternelle de la future impératrice. Moscati deviendra membre du Directoire puis, après la création du royaume d'Italie, sera nommé comte, sénateur et fait grand officier de la Légion d'honneur et de la Couronne de fer !

Joséphine n'ayant pas pu donner d'héritier à Napoléon, l'empereur se décide à demander le divorce en décembre 1809. Il lui accorde le droit de rester à Malmaison, qu'elle conservera jusqu'à sa mort, survenue en mai 1814 suite à un sévère refroidissement. Elle continuera à entretenir le domaine et à y voir évoluer ses animaux, surtout ses oiseaux qui lui rappellent plus que jamais son enfance en Martinique... Si, entre-temps, nombre de bêtes venues de contrées lointaines avaient péri, ce ne fut pas le cas des cygnes noirs, qui témoignèrent durant de longues années encore d'une vitalité à toute épreuve.

17

Les chevaux de Napoléon

(XIXe siècle)

Sur un chemin aux environs d'Ajaccio, un jeune homme malingre aux cheveux longs, à califourchon sur un poney, sillonne la campagne. Frais émoulu de l'École militaire de Paris, il a d'abord fait ses classes au collège d'Autun puis à l'École militaire préparatoire de Brienne. En cette année 1786, Napoléon Bonaparte, âgé de dix-sept ans, est revenu en Corse voir sa famille. Il ne sait pas bien monter car il n'est encore qu'artilleur, c'est-à-dire soldat à pied. Il n'aura droit à un cheval qu'une fois devenu commandant, au siège de Toulon en 1793. Mais il apprend vite, très vite.

Nombreux sont en effet les chevaux qui vont avoir l'insigne honneur de porter Napoléon sur leur dos au cours de ses années de règne et... de guerres incessantes. Autodidacte en la matière, ce cavalier monte de manière bien peu académique, défaut compensé par son extrême endurance et un courage à toute épreuve, qui méprise le danger. Il peut parcourir en une seule journée vingt à vingt-cinq lieues, soit quatre-vingts à cent kilomètres !

Comme allure, Napoléon Bonaparte, homme toujours pressé, ne connaît que le galop, voire le triple galop (!), les rênes posés sur l'encolure de son cheval, abandonnant derrière lui, sans aucun d'état d'âme, les officiers qui n'arrivent pas à le rattraper... De ses chevauchées interminables à travers toute l'Europe, par tous les temps et toutes les saisons, l'empereur gagnera des jambes arquées et des hémorroïdes, comme beaucoup de ses congénères.

Au cours de ses innombrables campagnes, dans le feu de l'action, peu importe le cheval qu'on lui présente, le premier cheval de selle fait l'affaire. Mais pour son écurie personnelle, Napoléon Bonaparte n'accepte que des étalons, c'est-à-dire des chevaux non châtrés. Pas question pour lui de monter des chevaux bretons, par exemple, dont il a pu éprouver la résistance lors de la campagne de Russie, car ils sont hongres.

Les montures « du rang de sa Majesté » proviennent des haras impériaux, établis dans les châteaux de Pompadour en Corrèze, du Pin aux Haras dans l'Orne, mais aussi à Langonnet en Bretagne, aux Deux-Ponts en Allemagne et à La Mandria à Turin, en Italie – sous le Premier Empire, Napoléon règne sur la moitié de l'Europe ! Ces chevaux rejoignent ensuite les écuries impériales situées à Paris, Versailles, Meudon, Saint-Cloud et Viroflay, où ils sont spécialement dressés par de grands écuyers – tel Armand de Caulaincourt – assistés de piqueurs, dont Antoine Jardin, premier piqueur. Caulaincourt assume la charge de grand écuyer de 1804 jusqu'à la fin de l'Empire. Il est responsable des écuries de l'empereur et des services qui y sont rattachés, comme le haras de Saint-Cloud. Il est également chargé, ainsi que le veut l'étiquette, de se tenir à la croupe du cheval de Napoléon et de lui offrir sa propre monture si la sienne venait à être blessée ou tuée. En outre, il se passionne pour la reproduction de la race chevaline, à l'instar de Napoléon qui lui a spécifiquement confié cette mission en plus de celles qu'il occupe déjà.

Le conquérant corse affectionne particulièrement les chevaux blancs, gris clair, pommelés et alezans. Le conditionnement de ces bêtes est cruel, car pour avoir « l'honneur de porter l'empereur », comme l'écrit Constant, premier valet de chambre, dans ses *Mémoires*, « on les accoutumait à souffrir sans faire le moindre mouvement, des tourments de toute espèce, des coups de fouet sur la tête et sur les oreilles ; on battait le tambour, on leur tirait aux oreilles des coups de pistolet ou des boîtes d'artifice ; on agitait des drapeaux devant leurs yeux ; on leur jetait entre les jambes de lourds paquets, quelquefois même des moutons ou des cochons. Il fallait qu'au milieu du galop (l'empereur n'aimait que cette allure), il pût arrêter son cheval tout court. » Et gare à l'animal qui résiste à Napoléon : il est immédiatement écarté.

L'équipage de selle comprend tous les chevaux destinés à être montés par Napoléon Bonaparte ou par les membres de la Maison de l'empereur. Celui-ci va régner pendant quatorze ans, depuis le coup d'État de brumaire (9-10 novembre 1799) jusqu'à sa première abdication (6 avril 1814), puis de nouveau durant les Cent-Jours (1er mars-22 juin 1815) avant son départ définitif pour l'île de Sainte-Hélène. Durant cette période, il va utiliser personnellement plus de cent trente chevaux. Certains, ses préférés, comme Vizir, Marengo, Wagram, Roitelet, la Belle, Jafa, Tauris, Styrie… sont passés à la postérité. Toutes les origines sont représentées : autrichienne, normande, basque, limousine, espagnole, ainsi que les animaux de race arabe, découverte par Bonaparte lors de la campagne d'Égypte en 1798, dont il appréciait la célérité.

Mais Napoléon ne monte pas que des chevaux célèbres, car au cours des batailles, il doit en changer souvent. À Austerlitz, raconte-t-on, l'empereur serait resté quarante-huit heures en selle. Quelle monture aurait pu supporter une telle cadence ?

Victor Duruy, chef d'escadron de hussards, raconte dans *Souvenirs militaires* cet épisode éclairant, alors que l'armée impériale se trouvait en Pologne lors de la campagne de 1807 : « Détaché à Blonie avec vingt-cinq chasseurs de la compagnie d'élite, pour y attendre l'empereur qui devait arriver de Berlin, j'y étais depuis deux ou trois jours lorsqu'un soir, vers huit ou neuf heures, il arriva seul et à l'improviste, mit pied à terre devant la maison du staroste située sur la place, me dit de laisser mes chasseurs tranquilles, mais de lui procurer un cheval ; j'offris le mien et me disposai à le lui donner, lorsqu'un officier des chasseurs de sa garde, qui l'attendait comme moi, avec un peloton, accourut vers lui ; il se fit amener le cheval de cet officier, se mit lentement en selle, reprit aussitôt la route de Varsovie, au galop de course et y arriva seul au milieu de la nuit, les chasseurs de sa garde n'ayant pu le rejoindre. »

Parmi les chevaux favoris de Napoléon figure Vizir, le seul à être conservé et empaillé au musée de l'Armée à Paris. Répertorié comme « cheval arabe gris étourneau », avec une robe « fleur de pêcher presque blanche, à tous crins, légèrement truitée alezan », il fut offert à Bonaparte par Selim III de Turquie, qui désirait se rapprocher de la France pour contrecarrer la menace que représentait l'Angleterre. Vizir entre dans l'équipage de selle des écuries de Versailles en 1802, où il est dressé pendant deux ans. On le retrouve lors de la campagne de Prusse : l'empereur le monte à Iéna en 1806, puis à la sanglante bataille d'Eylau l'année suivante. Vizir le suit également lors de la campagne de Russie.

Après la défaite de Waterloo en 1815, Vizir est confié aux bons soins de Philippe de Chaulaire, l'un des hommes qui l'ont dressé. Celui-ci le conserve jusqu'à sa mort, le 30 juillet 1826, puis le fait naturaliser. L'animal porte sur la cuisse gauche la marque des écuries impériales : la lettre N, monogramme de l'empereur, surmontée de la couronne impériale. Il demeure dans la propriété de Chaulaire à Cléry, dans le Boulonnais, jusqu'en août 1840. À cette date débarque en France, près de Boulogne, à la tête de cinquante conjurés, un autre Napoléon : Louis-Napoléon Bonaparte, fils d'Hortense de Beauharnais et de Louis, frère de Napoléon. Chaulaire, contraint de s'exiler avec sa famille, confie la dépouille de Vizir à William Clark, consul d'Angleterre en poste dans le Pas-de-Calais. Celui-ci le remet à un ami du nom de John Greaves, qui désire l'envoyer outre-manche. Mais les douanes anglaises sont très strictes : pas question de faire passer la frontière à un cheval empaillé ! L'ossature est démontée, le rembourrage jeté et la peau pliée dans une caisse. Vizir rejoint ensuite la Société d'histoire naturelle de Manchester, où il est remis « en forme », puis exposé à partir de 1843 pendant vingt-cinq ans. En 1868, la Société l'offre à Napoléon III. Vizir regagne la France mais, après la défaite de 1870, il est abandonné dans un grenier et redécouvert fortuitement par le musée de l'Armée, qui l'intègre à ses collections. Il est exposé dans une des vitrines du musée, mais sa conservation est fragile et il doit subir de fréquentes restaurations.

Un autre cheval napoléonien a les honneurs d'un musée… anglais : Marengo, portant le nom de la célèbre bataille qui opposa la France aux troupes autrichiennes aux abords de cette ville du Piémont, en Italie. Cheval arabe à robe grise, Marengo est capturé à Aboukir, en Égypte, en 1798, et rapporté en France. Bonaparte le monte à la bataille de Marengo, le 14 juin 1800, mais aussi à Austerlitz, Iéna, Wagram… L'animal est vif, rapide, infatigable et très courageux. Il peut galoper pendant des heures sans difficulté. Il est encore à Waterloo, qui signe le glas des espérances impériales… Le 18 juin 1815, à 9 heures du soir, tout est joué, les Français ont perdu. L'empereur laisse Marengo, blessé à la hanche, à la ferme du Caillou, et s'enfuit. Reconnaissant l'animal, un soldat anglais le soigne et le fait rapatrier outre-manche. Pendant des années, Marengo est exhibé. Il attire les foules, venues voir le cheval préféré de l'empereur français, le pire ennemi des Anglais ! À sa mort, le cheval est dépecé et naturalisé, mais sa peau est perdue. Seul subsiste son squelette, conservé à l'Imperial War Museum à Londres.

Wagram, appelé ainsi en référence à la victoire du 6 juillet 1809, fait également partie des chevaux ayant marqué l'Empire. Napoléon avait pour lui une affection particulière que lui rendait bien l'animal. Quand l'empereur venait le voir aux écuries, Wagram frappait le sol de ses sabots de devant et ne cessait qu'après que son maître l'eut caressé et même embrassé. De même, lorsqu'il entendait les tambours battre « Aux champs », air qui annonçait l'arrivée de Napoléon, il grattait le sol du sabot et agitait fièrement la tête ! Wagram faisait partie des rares chevaux que l'empereur conserva durant son exil à l'île d'Elbe.

Une iconographie abondante montre Napoléon Bonaparte, monté sur de fiers chevaux, dont certains paraissent indomptables. Comme la célèbre toile de Jacques Louis David, *Le Premier consul franchissant les Alpes au col du Grand Saint-Bernard*, conservée à Malmaison, œuvre officielle dans laquelle l'Histoire est un peu travestie… Le tableau représente Bonaparte juché sur un fougueux destrier et s'apprêtant à franchir le col du Grand Saint-Bernard en mai 1800. Le Premier consul est alors en pleine campagne d'Italie et certains de ses généraux, cernés par les Autrichiens, se trouvent en très mauvaise posture. Il décide alors de franchir le col du Grand Saint-Bernard pour prendre le Piémont à revers. Mais le col culmine à plus de 2 400 mètres et il faut y faire passer quarante mille hommes par une route entourée de précipices, étroite, tortueuse et glissante, en raison de la neige. C'est finalement à dos de mulet, traîné par un paysan, que Bonaparte passera le fameux col. Une réalité bien éloignée de l'image glorieuse qui a traversé les siècles !

De nombreux chevaux de Napoléon Bonaparte ont été portraiturés. La comptabilité du Grand écuyer signale que furent une première fois « remis mille francs à M. Horace Vernet pour les portraits de quatre chevaux : Vizir, Gisors, Lowska, Favori. Une seconde fois furent remis au même artiste mille cinq cents pour les portraits de six chevaux : Harbet, Néron, Wagram, Calvados, Tamerlan, l'Hippogriffe. » Il y a aussi tous les autres, anonymes, qui peuplent les innombrables tableaux consacrés à l'un des personnages les plus célèbres de l'Histoire, brossés par Louis Lejeune, le baron Gérard, Henri Félix Emmanuel Philippoteaux ou encore le baron Gros…

Ayant posé le pied sur l'île de Sainte-Hélène en octobre 1815, Napoléon tente de tromper l'ennui comme il le peut. Quand le temps est clément, environ un jour sur trois, il enfile ses bottes et monte en selle pour une promenade matinale, souvent suivi de Las Cases, son mémorialiste. Mais les galops débridés auxquels il se livrait autrefois ne sont plus qu'un lointain souvenir. La mer forme une barrière naturelle et, surtout, les sentinelles anglaises veillent sur leur célèbre prisonnier…

18

La girafe de Charles X

(XIXe siècle)

En ce début d'été 1827, toute la France est en émoi et son roi Charles X trépigne d'impatience. Une girafe, passée à la postérité sous le nom de Zarafa[1], a débarqué sur le sol français quelques mois plus tôt, et remonte tranquillement vers la capitale, où elle fait son entrée le 30 juin. Les habitants en sont si fiers qu'une médaille commémorative est frappée en l'honneur de l'animal, portant ces mots : « Rien n'est changé en France,/Il n'y a qu'une seule tête de plus./

1. En arabe, Zarafa signifie « girafe », mais aussi « charmante » (deux mots distincts qui se transcrivent de la même manière)

Le 30 juin 1827, Sa Grâce la Girafe fait son entrée à Paris. »

Une liesse populaire considérable s'est emparée de l'Hexagone, et même de l'Europe, car la venue d'un tel animal est un événement qui ne s'est pas produit depuis trois siècles et demi. La dernière girafe qui a été vue à Florence, au xve siècle, quand le sultan d'Égypte avait offert un spécimen de ce quadrupède à Laurent de Médicis, est morte en 1486 !

L'arrivée de Zarafa déclenche donc en France une véritable « girafomania ». Entre juillet et décembre 1827, pas moins de six cent mille personnes se déplacent pour voir le phénomène !

L'aventure a commencé trois ans plus tôt, en 1824. Mehemet Ali, officier ottoman et vice-roi d'Égypte, souhaite gagner les bonnes grâces de Charles X, tout juste monté sur le trône de France, et du roi d'Angleterre George IV. Comment y parvenir ? En leur offrant un cadeau diplomatique qui va défrayer la chronique. Il sait qu'à l'instar de beaucoup de leurs contemporains, les souverains sont attirés par tout ce qui vient d'Égypte.

Le pacha d'Égypte ordonne donc de capturer deux girafes dans le désert du Kordofan, aux environs de Sennar, au nord de l'actuel Soudan – région qui a été annexée depuis peu sous ses ordres. Après avoir tué la mère, les chasseurs s'emparent des deux girafeaux, un mâle et une femelle qui, trop jeunes encore pour marcher, sont attachés au flanc d'une chamelle et transportés de cette façon jusque sur les rives du Nil. De là, on les installe sur une felouque pour remonter le fleuve majestueux. Ils passent devant le temple de Louxor, puis le Sphinx à tête de lion, pour gagner Alexandrie, première partie de leur périple, à trois mille kilomètres de leur terre natale. À leur arrivée, la felouque et son étrange chargement sont accueillis par le consul de France, le Piémontais Bernardino Drovetti.

Les consuls de chacun des pays tirent les animaux au sort. Le mâle part pour l'Angleterre, où il succombera rapidement, ne pouvant supporter la captivité. La femelle, elle, est désignée pour gagner la France. C'est la plus vigoureuse des deux, une qualité qui lui sera utile par la suite…

Bernardino Drovetti doit à présent organiser son transfert vers la France. Il est prié de se joindre à l'expédition qui embarque sur un brigantin[1] nommé *I due fratelli* (« Les deux frères »). Tout a été mis en œuvre pour le confort de Zarafa : de la paille a été déposée

---

1. Ancien navire à deux mâts, analogue au brick.

en quantité dans le brigantin pour atténuer le roulis ; la cale du bateau a été aménagée en sciant un carré du pont pour laisser passer le long cou de la girafe. Trois vaches font partie du voyage, destinées à lui fournir ses vingt-cinq litres de lait quotidiens, ainsi que deux antilopes pour lui tenir compagnie. Ses deux gardiens, le Soudanais Atir et Hassan le Berbère, un ancien chasseur, sont chargés de veiller sur elle, ainsi que des palefreniers africains.

Zarafa arrive en vue de la cité phocéenne le 23 octobre 1826. Une semaine plus tard, elle est mise en quarantaine, ainsi que son escorte, au lazaret d'Arenc. Des mesures rendues obligatoires depuis l'épidémie de peste qui, en 1720, a ravagé la ville. On estime que la girafe doit être alors âgée de deux ans. À Marseille, le bruit s'est répandu de la présence de cet animal fabuleux, d'une taille exceptionnelle.

Le 14 novembre, au terme de cette mise à l'écart, le consul de France repart vers l'Égypte, et la girafe est placée pour l'hiver sous l'autorité du préfet des Bouches-du-Rhône, le comte de Villeneuve-Bargemon. À cause du mauvais temps persistant, qui risque de porter un coup fatal à la santé du quadrupède, Zarafa va devoir patienter quelques mois à Marseille, histoire de s'acclimater à son nouveau pays…

Le comte de Villeneuve-Bargemon fait installer la girafe dans une baraque de bois édifiée dans la cour de la préfecture pour la mettre à l'abri du froid, tout en lui évitant d'être victime de la curiosité populaire. Il entretient une correspondance assidue avec le ministère de l'Intérieur et les professeurs administrateurs du Muséum d'histoire naturelle à Paris, concernant le bien-être de cet animal, qui doit bénéficier des meilleurs soins. Des administrateurs fébriles qui n'attendent qu'une chose : voir enfin l'animal en chair et en os. « Nous osons vous prier, dans le cas où il menacerait de périr, d'en faire faire un dessin colorié qui nous fasse connaître exactement ses proportions et les formes de sa tête, vue de face et de profil. Ce serait, avec le squelette et la peau, un léger dédommagement pour nous, si nous avions le malheur de le perdre avant son arrivée ici. » Qu'en termes gracieux ces choses-là sont dites…

Durant l'hiver, le préfet et son épouse organisent des « soirées à la girafe ». Après le dîner, leurs invités rendent visite à Zarafa, aimable et d'un naturel très doux, qui continue de grandir… Elle n'hésite pas à flairer et à lécher parfois les personnes qui s'approchent d'elle. Quand il fait beau, le préfet lui fait faire de petits tours en ville, conduite par six hommes munis de longes pour la guider. Zarafa obtient un franc succès et ne semble pas gênée outre mesure par les attroupements qu'elle suscite.

Averti de la venue prochaine de cet animal ô combien exotique dans la capitale, le ministère de l'Intérieur dépêche dans le sud de la France la personne la plus à même d'examiner la girafe et d'organiser son voyage jusqu'à Paris : le naturaliste Geoffroy Saint-Hilaire, professeur de zoologie au Muséum. À cette date, ce scientifique a déjà parcouru bien du chemin ! Né en 1772, de tout temps attiré par les sciences naturelles, il commence sa carrière comme sous-démonstrateur au Jardin des Plantes. Créée sous Louis XIII, cette tâche consiste à faire connaître les plantes et leurs usages. Lors de la réorganisation du Muséum pendant la Révolution, Geoffroy Saint-Hilaire reçoit un enseignement de zoologie. Puis, comme tant d'autres savants, il participe à l'expédition d'Égypte initiée par Bonaparte en 1798, où il se livre à de nombreuses observations sur les animaux. En 1809, il devient professeur de zoologie à la faculté des sciences de Paris et se voue à l'étude de l'anatomie. Dix ans plus tard, il fait paraître une *Histoire naturelle des mammifères*. Malgré sa mauvaise santé, Geoffroy Saint-Hilaire est donc le mieux placé pour descendre jusqu'à Marseille, où il parvient en avril 1827.

Il s'agit à présent de décider de quelle façon Zarafa pourra rejoindre la capitale. Après avoir envisagé plusieurs options, la solution la plus sage et qui s'impose d'office est de la faire marcher... sur ses quatre pattes ! Le voyage se fera par étapes, pas plus de cinq à six lieues par jour, soit l'équivalent de vingt à vingt-quatre kilomètres. Depuis son arrivée à Marseille, la promenade quotidienne à laquelle a eu droit la girafe, bien couverte les jours de mistral, l'a abondamment fortifiée. Elle est donc prête à accomplir ce long périple...

Le 20 mai au matin, un étrange convoi prend la route vers le nord, afin d'effectuer un trajet de huit cent quatre-vingts kilomètres ! La girafe, à laquelle on a mis un manteau jaune en taffetas huilé aux armes de France pour la protéger du froid et de l'humidité, est précédée d'une voiture, entourée de gardes à cheval et de deux vaches – la troisième est morte entretemps. Son gardien, Atir, continue de veiller sur elle. Les oliveraies succèdent aux amanderaies, puis les voici en vue des vignobles de la vallée du Rhône. Le mistral y souffle si fort que l'élégant manteau est remplacé par un drap de laine doublé de fourrure...

À Lyon, la girafe est conduite d'office chez le préfet de la ville. Durant le parcours, sa célébrité ne fait que croître, des centaines de personnes s'étant déplacées dans la ville pour l'apercevoir. Ce qui n'est pas si difficile, étant donné la taille de l'animal ! Zarafa suscite en effet intérêt et curiosité. Les enfants s'amusent à compter ses taches, les adultes se penchent à leurs fenêtres pour tenter de lui caresser la tête. À un moment, un chien se jette entre ses pattes. Effrayée, la girafe s'échappe et jette à son tour la panique dans la foule. Des spectateurs sont à terre, victimes du désordre provoqué.

Le peintre Jacques Raymond Brascassat, dans *Passage de la girafe à Arnay-le-Duc* (1827), tableau conservé au musée des Beaux-Arts de Beaune, a immortalisé ce qui devait paraître aux yeux des observateurs comme un cortège bien singulier…

Le 30 juin 1827, à 5 heures 30 du soir, le convoi franchit enfin les portes de la capitale, après une marche de près d'un mois et demi ! À son approche, l'éminent anatomiste Georges Cuvier, directeur des Jardins du roi, remonte la Seine en bateau pour découvrir l'animal, accompagné de Stendhal, qui n'a pas encore publié *Le Rouge et le Noir*.

Puis c'est l'arrivée de Zarafa au Jardin des Plantes. Une rotonde de pierre avec un plancher en bois et des murs tapissés de mosaïques de paille a été prévue. Sa tour dépasse les quatre mètres afin que la girafe puisse y tenir tout entière et à l'aise... Son gardien, Atir, reste constamment à ses côtés. Il dort sur une plateforme située au niveau de la tête de l'animal. Il demeurera avec elle jusqu'à sa mort.

À présent âgée de deux ans et demi, haute de treize pieds (3,90 mètres), Zarafa doit être présentée au roi de France. Au château de Saint-Cloud, Charles X attend avec impatience l'arrivée de ce cadeau diplomatique pour le moins original. Le 30 juin, quand il a su que la girafe approchait de la capitale, il a souhaité aller à sa rencontre. Mais c'était sans compter sur sa belle-fille, la duchesse d'Angoulême. Fille aînée de Louis XVI et de Marie-Antoinette, seul membre de la famille à avoir échappé à la mort, cette personnalité rigide a épousé Louis Antoine d'Artois, le fils aîné de Charles X. « C'est à la girafe d'être conduite au roi, et non pas au souverain de se précipiter, comme le vulgaire, au-devant du cadeau qu'on lui a fait », a-t-elle décrété avec l'autorité qui est la sienne.

Charles X, qui court sur ses soixante-dix ans, est aussi curieux qu'un enfant face à la venue de l'étrange mammifère, dont il n'a vu jusqu'ici que des reproductions. Il lui faut toutefois attendre le 9 juillet, selon la volonté de sa belle-fille, pour faire connaissance avec Zarafa. La « rencontre » a lieu devant l'orangerie du château de Saint-Cloud. Il y a là le roi, entouré de sa famille, Louis Antoine et sa femme, et son autre belle-fille, la duchesse de Berry et ses enfants. Le duc de Berry, fils cadet de Charles X, a été assassiné en 1820. C'est donc une distraction bienvenue que cette girafe docile, élégante, qui vient en toute simplicité manger des pétales de roses dans la main du souverain. L'assemblée ne se lasse pas de contempler son long cou.

« Sa Majesté a voulu voir l'animal courant, rapporte Geoffroy Saint-Hilaire dans sa *Dernière notice sur la girafe*. On l'a stimulé, et il a fait, au trot, trois tours du plateau, jetant d'abord, comme nous l'avons dit, ses jambes de devant, puis portant ses jambes de derrière un pied en dehors du point d'appui des premières. Après cet exercice, Mademoiselle [une des nièces du roi] lui a présenté un bouquet qu'elle a effleuré de sa bouche légère. Le roi lui-même s'est complu à lui faire manger dans le creux de sa main des feuilles de roses dont elle paraît très friande... »

Durant les premiers jours, ce sont plus de dix mille personnes qui se pressent pour admirer le quadrupède. Celui-ci a droit à sa promenade quotidienne, de 10 heures à midi, dans le jardin botanique du domaine de Saint-Cloud où il reste quelques jours avant de regagner définitivement le Jardin des Plantes.

La présence de Zarafa en France suscite une effervescence qui va durer des mois. On crée des images d'Épinal à son effigie, on fabrique des biscuits en forme de girafe, on imprime des tissus, des foulards, des gants avec des pois, les femmes se mettent des faux cils et se coiffent à la girafe, les hommes portent des chapeaux d'une hauteur vertigineuse qui évoque le cou de la girafe… Médailles, statuettes en bronze, encriers, vaisselle, moules à gâteaux, bonbonnières, tabatières, plats à barbe, assiettes, pains d'épices… prouvent combien l'animal passionne ses contemporains. On réalise également des tissus et des papiers peints portant la référence : « ventre de girafe », « clair de savane », « marbre du Soudan », « girafe amoureuse », « girafe en exil » ! On invente même les paroles d'une chanson, *La Girafe à la mode*, à chanter sur un air populaire, *À la façon de Barbari*.

Plusieurs écrivains utilisent Zarafa comme narratrice, la mettent en scène au théâtre.

Ainsi, Narcisse Achille, comte de Salvandy, en juillet 1827, avec *Lettre de la Girafe au pacha d'Égypte, pour lui rendre compte de son voyage à Saint-Cloud, et renvoyer les rognures de la censure de France au journal qui s'établit à Alexandrie en Afrique* ! Ou encore Théaulon de Lambert et Th. Anne et Gondolier, *La Girafe, ou une journée au Jardin du roi, tableau à propos en vaudeville,* représenté pour la première fois à Paris le 7 juillet 1827 au théâtre du Vaudeville. Sans oublier peintres et sculpteurs, qui se précipitent pour l'observer, comme tous les amoureux des bêtes…

Parmi eux, un certain M. L. D. Ferlus, membre de plusieurs sociétés savantes, qui s'extasie dans *Nouvelle notice sur la girafe envoyée au roi de France par le pacha d'Égypte* : « La girafe est, sans contredit, l'animal le plus beau et le plus curieux que l'Afrique produise. Il est impossible de ne pas être frappé de la noblesse, de la douceur de ce quadrupède ; sa taille gigantesque étonne, et sa grâce et sa bonté captivent. » Et Ferlus de poursuivre, par une description précise de l'animal qu'il vient de découvrir au Jardin des Plantes, un véritable cours d'anatomie : « […] les yeux sont grands, vifs et noirs ; la bouche petite et recouverte entièrement par la lèvre supérieure. La langue de la Girafe est longue, mince et noirâtre ; l'animal la sort et la remue presque continuellement. Il paraît qu'il se sert de cet organe pour saisir les feuilles et les alimens *[sic]* dont il se nourrit.

[...] On remarque, sur la partie supérieure de la tête, deux petites cornes droites, garnies d'un poil brun à leur extrémité. Ces cornes ont trois ou quatre pouces de longueur, et sont placées entre les oreilles.

Indépendamment de ces deux cornes, il y a au milieu de la tête, presque à distance égale, entre les narines et les yeux, une excroissance remarquable, qui est un os couvert d'une peau molle garnie d'un poil doux. Ce tubercule osseux a plus de trois pouces de longueur, et est fort incliné vers le front. »

Zarafa survit dix-huit ans dans sa rotonde du Jardin des Plantes. Elle resta célibataire, car le mâle qui lui était destiné, en Italie, ne put finalement faire le voyage. En 1830, le gouvernement de Charles X est emporté par la révolution de Juillet. Quelques semaines plus tôt, Balzac avait écrit ces lignes prophétiques : « Elle (la girafe) n'est plus visitée que par le provincial arriéré, la bonne d'enfants désœuvrée et le jean-jean naïf. À cette leçon frappante, bien des hommes devraient s'instruire et prévoir le sort qui les attend. »

Car si les visiteurs se rendent toujours au Muséum pour voir Zarafa, l'engouement est moins fort, et la « girafomania » s'essouffle peu à peu. Elle aura duré trois ans…

Ce qu'est devenue la girafe après sa mort, le 12 janvier 1845, suite à un refroidissement, reste un mystère pour le Muséum, même aujourd'hui. Empaillée, Zarafa est censée avoir été envoyée en dépôt au Muséum de La Rochelle, mais les conservateurs n'en gardent aucune trace. Pour certains, elle aurait été confiée à un musée de Verdun, placée dans les tranchées pour effrayer l'ennemi et aurait disparu corps et biens sous les bombes…

Atir, son gardien attitré, a veillé jusqu'au bout sur sa grande amie. Quant à Hassan, l'autre gardien, il est sans doute reparti dans son pays. Il a resurgi du passé en 2014, quand son portrait, attribué à Alexandre François Caminade, a été adjugé au cours d'une vente aux enchères à Enghien !

19

Les chiens de la reine Victoria

(XIXe siècle)

La jeune princesse Victoria s'ennuie, sous la férule d'une mère austère et autoritaire, la duchesse de Kent. Son père, qui était bien plus âgé que son épouse, est mort quand la petite fille n'avait que huit mois, et la vie à la cour d'Angleterre est triste… Enfant unique, Victoria n'a personne avec qui jouer, et ses distractions sont rares. Au cours de ses journées rythmées par l'étude, tout juste est-elle autorisée à se promener parfois sur son âne, en compagnie de sa gouvernante, dans les allées du palais du Kensington, à Londres.

Aussi, quelle n'est pas sa joie de recevoir, pour ses treize ans, un petit chien nommé

Dash, qu'elle appellera parfois affectueusement Dashy. C'est un King Charles spaniel, un épagneul nain, au poil noir et feu, à la face plate. Il lui apporte un peu de la tendresse qu'elle n'a pas reçue, et elle, en retour, peut lui témoigner des trésors d'affection. Il lui sert d'échappatoire, et est à ses yeux comme une poupée : elle lui donne son bain, lui met son petit costume, pantalon bleu et pourpoint rouge, lui parle comme à un être humain.

Depuis sa naissance, Victoria est habituée aux animaux de compagnie, et elle manifestera toujours une attirance envers les chiens de toutes races – elle en possédera environ une centaine. Au cours de sa très longue existence, beaucoup seront admis dans les appartements royaux. Il faut avouer que la jeune fille a de qui tenir. Quand sa mère est arrivée en Angleterre en 1819, sur le point d'accoucher, elle voyageait entourée de chiens de manchon en si grand nombre que la future reine a failli voir le jour au beau milieu de ces petites boules de poils !

L'affection de la princesse Victoria pour Dash ne faiblira jamais. Elle est si férue de son acolyte à quatre pattes que lorsqu'elle est couronnée reine, le 28 juin 1838, en l'abbaye de Westminster – à dix-neuf ans seulement –, son premier réflexe en entrant à Buckingham

Palace après ce jour si particulier, est de se ruer dans ses appartements pour donner son bain à Dash. Plus tard, il n'est pas rare que Victoria garde le King Charles spaniel auprès d'elle lors de ses entretiens réguliers avec le Premier ministre de l'époque, Lord Melbourne, ou avec ses subordonnés. Elle fait même servir du thé, la boisson nationale, à son chien ! L'histoire ne dit pas si celui-ci apprécie…

Très vite, la reine commence à avoir autour d'elle des tableaux de ses animaux de compagnie préférés, dont Dash fait évidemment partie. Sir Edwin Landseer a réalisé en 1836 un portrait ravissant du petit chien, qui a tant plu à Victoria que dès l'année suivante, elle commande au peintre un tableau d'ensemble intitulé *Les Chiens et le perroquet favoris de la reine Victoria* – œuvre que l'on trouve parfois aussi sous le nom *The Royal Pets* (« Les animaux de compagnie royaux »). Sur cette toile figurent le petit Dash, mais aussi Hector, un lévrier, et Néro, un lévrier écossais, entourant la chienne de Victoria tels des courtisans autour de Sa Majesté. Au premier plan est représenté Lorrey, le perroquet. Dans la seule ville de Londres, l'engouement pour les King Charles spaniel est tel qu'on en compte plus de cinq mille…

Il est admis que le King Charles spaniel est originaire d'Extrême-Orient. Chien relativement calme, on le surnomme parfois le « chien-chat ». On fait remonter sa présence en Europe au XVIe siècle. Durant le règne des Tudors, il était habituellement considéré comme *ladies pet*, un compagnon pour ces dames. C'est sous le règne des Stuart qu'il reçoit le nom de King Charles spaniel, en référence au roi Charles II. Ce dernier, qui régna de 1660 à 1685, en avait un grand nombre, qui le suivaient partout lors de ses déplacements. Des reines et princesses illustres comme Anastasia, la fille du tsar Nicolas II de Russie, ou aujourd'hui, la reine Elizabeth II, compteront dans leur cheptel des chiens de cette race.

En 1840, Victoria épouse son cousin Albert, prince de Saxe, qui sera l'unique amour de sa vie. « Albert est tout à fait charmant et d'une extrême beauté, écrit-elle dans son journal, avec de merveilleux yeux bleus, un nez exquis et une bouche ravissante. [...] Mon cœur est tout à fait captivé. » Ils partagent des goûts communs et la même tendresse pour les animaux. Sans doute ne sont-ils pas étrangers au fait que, depuis leur règne, on considère les sujets de Sa Majesté comme des grands amis des bêtes...

Albert apporte à Buckingham Palace son propre chien, Eos, un lévrier. Est-ce par jalousie de n'être plus l'unique objet de l'affection de sa maîtresse ? Dash rend son dernier soupir à la fin de l'année 1840. Il est enterré dans le parc du château de Windsor. Sa tombe surmontée d'une statue en marbre le représentant est ornée de cette inscription : « Son attachement était dénué de tout égoïsme, son entrain de toute malveillance, sa fidélité de toute tromperie. Si vous voulez vivre aimé et mourir regretté, suivez l'exemple de Dash. »

Lorsque les chiens auxquels les souverains d'Angleterre s'attachent sont trop nombreux pour vivre dans les palais royaux, on les installe dans des chenils. La reine a chargé tout spécialement un architecte, Henry Eshton, d'en établir les plans. La grande innovation, lancée par Victoria, est que ces chenils n'accueillent pas seulement des animaux de chasse, mais également des chiens domestiques, de toutes races et de toutes tailles.

Lorsque la reine reçoit des invités de marque, un détour par ces chenils, fort bien tenus, est quasi obligatoire. Dans une lettre de 1854 adressée à sa petite-fille, la baronne Bunsen, épouse de l'ambassadeur de Prusse en Angleterre, détaille une visite dans ces lieux incontournables. « Il y a là-bas une jolie chaumière flanquée d'un jardin, où habite avec ses cinq enfants une femme charmante originaire des Highlands ; elle nous a laissés traverser une enfilade de cours où l'on rassemble ou isole les bêtes selon qu'elles goûtent ou non la compagnie de leurs congénères. J'y ai vu toutes sortes de chiens magnifiques, mais la vraie curiosité, c'était un carlin tout noir que j'ai trouvé plus mignon que les autres [...]. Il y avait aussi un chien chinois à la langue bleu ciel dont la robe était chocolat du museau à la queue en passant par l'extrémité des pattes, et qui affichait une mine amusante et finaude, ainsi qu'un chien du Cachemire aussi grand qu'un jeune lion, avec des pattes à l'avenant [...] ; et puis un chien esquimau, une véritable boule de poils, avec des yeux rusés de renard et un museau pointu qui dépassait. » On le voit, les goûts des souverains, et de la reine en particulier, sont très éclectiques !

En décembre 1861, Victoria perd son époux adoré, emporté par une fièvre. À quarante-deux ans, elle prend le deuil pour ne plus le quitter. Dès lors, son amour pour les animaux grandit encore.

Non contente de les voir résider auprès d'elle ou dans les chenils créés à leur intention, Victoria continue à faire portraiturer ses chiens. Tout au long de son règne, Edwin Landseer, mais aussi George Morley, Thomas Musgrove Joy, Charles Burton Barber, Maud Earl, l'Allemand Friedrich Wilhem Keyl ou encore le très célèbre Winterhalter, tous, à un moment ou à un autre, seront chargés d'immortaliser les occupants canins des châteaux royaux…

Ces tableaux sont l'occasion de mieux connaître l'attirance de Victoria pour des races de chiens plutôt variées. Dans les années 1840, ce sont les Skye terriers qui emportent son adhésion. Scotty, écossais comme son nom l'indique, est le premier d'entre eux, bientôt suivi d'Islay, de Dandie, de Dimont et de Cairnach. Un patronyme que la souveraine donnera à plusieurs des animaux qui vont naître !

Le teckel est le deuxième spécimen à figurer sur la liste de ses préférés. Le premier, qui est un cadeau, lui vient d'Allemagne : il s'appelle Waldmann. Suivront Däckel, Dacko, un autre Waldmann, Waldie, etc.

De tout temps, la reine a été attachée à l'Écosse. Découvert au cours d'un de ses déplacements dans les Highlands, un colley, au nom de Sharp, gagne le cœur de Victoria. Elle baptisera les suivants Noble : Noble I, Noble II… Les peintres de la cour brossent ces chiens à plusieurs reprises : dans *La Reine Victoria avec la princesse Béatrice et un groupe de chiens à Windsor* (1877) de Charles Burton Barber, figurent trois colleys, Sharp, Noble IV et un dernier venu, Fern. Le peintre s'est servi des photographies, un art naissant, pour restituer le portrait de ces chiens. Sans parler des sculpteurs : Osborne House, ancienne résidence estivale de la famille britannique aujourd'hui ouverte au public, abrite ainsi une sculpture du colley Noble I d'un réalisme saisissant.

Moins connu est l'engagement de Victoria à lutter contre la cruauté envers les animaux. Dès les premières années de son règne, elle donne son approbation en 1840 pour que la *Society for the Prevention of Cruelty to Animals* – c'est-à-dire la Société protectrice des animaux, créée en 1824 – devienne la ***Royal*** *Society for the Prevention of Cruelty to Animals*, soulignant ainsi combien leur sort lui importe. Cependant, certains, notamment l'homme politique progressiste John Bright, reprochèrent à la reine un manque de cohérence dans son attitude, car elle continuait de soutenir son mari, le roi Albert, qui aimait chasser. Très éprise de son époux, Victoria admirait en Albert la figure héroïque, son côté chevaleresque lorsqu'il partait, à la tête d'une troupe fournie, traquer le cerf sur les domaines royaux de Balmoral ou d'Osborne, où la famille royale avait l'habitude de prendre ses quartiers d'été.

Cependant, nul ne peut douter de l'engagement de Victoria en faveur des animaux. Son activisme prit plusieurs facettes. Elle interdit, par exemple, de recourir au sein de sa cour à la pratique, très courante à l'époque, de l'amputation de la queue des chevaux. Elle s'opposa aussi à ce qu'on les fît abattre, et tous moururent de vieillesse.

Son soin à défendre les animaux et à les protéger de la cruauté des humains l'amena également à se préoccuper de la vivisection telle qu'elle était alors pratiquée. Elle apporta en ce sens son soutien plein et entier aux parlementaires qui défendirent et votèrent, en 1875, le *Cruelty on Animals Act*, une loi qui en prônait un contrôle plus strict, rendant ainsi obligatoire l'anesthésie des animaux dans le cadre de la vivisection, ce qui n'était pas toujours le cas.

La reine Victoria finança également des prix dans les écoles, destinés aux élèves qui rédigeraient des essais sur la bonté des hommes envers les animaux.

On peut expliquer cette attirance indéfectible de Victoria envers les animaux, et en particulier les chiens, par le fait qu'à cette époque, les enfants royaux étaient arrachés tout jeunes à leur mère, et qu'ils étaient élevés par d'autres. La reine – et elle s'en plaignait amèrement – se vit ainsi privée de sa progéniture, confiée à des gouvernantes et des précepteurs dès son plus jeune âge. Et pourtant, elle eut neuf enfants... Les animaux étaient donc les seuls êtres vivants auxquels elle pouvait témoigner de l'affection sans que cela lui soit reproché.

Il arrive parfois que Victoria fasse quelques infidélités à ses chiens. Au fil des ans, ne s'est-elle pas entichée de chats persans ? En 1885, elle demande à Charles Burton Barber de peindre un tableau intitulé *Le Chat et les chiens de la reine*. On y voit un carlin, un fox et un teckel en compagnie d'un chat persan. Cette œuvre est unique : c'est le seul des tableaux animaliers commandés par la reine d'Angleterre où apparaît un félin. À sa mort, en 1901, son fils aîné Edouard et sa femme Alexandra hériteront de ses deux chats persans, Flypie et White Heather.

Dans les dernières années de son veuvage, la reine Victoria se prend d'affection pour une race de chiens dont l'origine transparaît dans le nom : le Spitz nain, plus connu sous le nom de Loulou de Poméranie. Elle achète son premier spécimen à Florence en 1888 et le prénomme Marco, pour qu'il n'oublie pas ses origines italiennes ! Elle en fait élever dans les chenils royaux, notamment au château de Windsor, et en présente également six à l'exposition canine de Cruft – événement créé en

1886 par Charles Cruft, et qui se tient chaque année, de nos jours encore, au mois de mars.

Et cette passion ne se tarit jamais. En 1893, lors d'un voyage de Victoria dans le sud de la France, Xavier Paoli, attaché par le gouvernement français à la sécurité des souverains étrangers en visite, peut ainsi écrire dans son ouvrage *Leurs Majestés*, best-seller publié en 1912, les soins constants dont la reine d'Angleterre faisait entourer ses chiens favoris, Spot, le fox-terrier, Roy, le colley, et Marco, son minuscule Loulou de Poméranie.

En 1897, la revue *Country Life* rapporte que la souveraine, qui se déplace le moins possible à pied à cause de son embonpoint, ordonne qu'on la conduise aux chenils. Là, elle « fait arrêter sa voiture pour observer les chiens. Ceux qu'elle souhaite voir, on les lui apporte un par un, voire deux par deux, et on les mène jusqu'à sa voiture pour qu'elle les caresse, ou bien on les laisse s'ébattre librement pour que la reine les regarde jouer ensemble. Il est rare que Sa Majesté se rende à Windsor sans entamer son séjour par une visite aux chenils, et c'est en général ainsi qu'elle le conclut avant de partir pour Balmoral ou l'île de Wight. »

En janvier 1901, alors qu'elle vit ses derniers instants, Victoria demande que son Loulou de Poméranie préféré, Turi, qui a remplacé

Marco, lui soit apporté sur son lit. Il reste à ses côtés jusqu'à la fin, compagnon fidèle d'une reine qui a passionnément, et durant toute sa vie, consacré une attention fort bien bienveillante au meilleur ami de l'homme.

Bibliographie

Amat Jacqueline, *Les Animaux familiers dans la Rome antique*, Les Belles Lettres, 2002

Antoine Michel, *Louis XV*, Fayard, 1989

Babelon Jean-Pierre, *Henri IV*, Fayard, 2009

Baldin Damien, *Histoire des animaux domestiques*, Seuil, 2014

Baylac Marie-Hélène, *Histoire des animaux célèbres*, Perrin, 2015

Beauté animale, catalogue d'exposition, Galeries nationales du Grand Palais, RMN, 2012

Blanchard Joël, *Louis XI*, Perrin, 2015

Bluche François, *La Vie quotidienne au temps de Louis XIV*, Hachette Littératures, 1984

Bordonove Georges, *Charles IX*, Pygmalion, 2009

Bouyet Christian, *La Princesse Palatine*, Pygmalion, 2005

Buquet Thierry, « Les animaux exotiques dans les ménageries médiévales », *in* Jacques Toussaint, *Fabuleuses histoires des bêtes et des hommes*, Trema – Société archéologique de Namur, 2013

Casanova, *Histoire de ma vie*, tome VII, La Pléiade, 2013

Chevallier Bernard, *L'ABCdaire des châteaux de Malmaison et de Bois-Préau*, Flammarion, 1997

Chevallier Bernard, *Musée national des châteaux de Malmaison et Bois-Préau*, RMN, 2006

Clément Jean-Paul, *Charles X, le dernier Bourbon*, Perrin, 2015

Dictionnaire Napoléon, sous la direction de Jean Tulard, Fayard, 1989

Favier Jean, *La Guerre de Cent Ans*, Fayard, 1980

Favier Jean, *Le Roi René*, Fayard, 2008

Favier Jean, *Charlemagne*, Tallandier, 2013

Gaudron Amandine, *Le Singe médiéval. Histoire d'un animal ambigu*, thèse de l'École des chartes, 2014

Glanowski Émilie, *Bucéphale, compagnon d'exception d'Alexandre : la construction d'un mythe*, Revue Circé, 25 octobre 2015

Hausset (du) Nicole, *Mémoires de Madame du Hausset, femme de chambre de Mme de Pompadour (éd. 1824)*, Hachette Livre BnF, 2012

Jacquet Nicolas, *Versailles secret et insolite*, Parigramme, 2011

Lever Evelyne, *Marie-Antoinette*, Découvertes Gallimard, 2000

Lever Evelyne, *Madame de Pompadour*, Perrin, 2003

Loisel Gustave, *Histoire des ménageries de l'Antiquité à nos jours*, 2 vol., Paris, 1912

MacDonogh Katharine, *Histoire des animaux de cour*, Petite Bibliothèque Payot, 2011

Macrobe, *Saturnales*, Livre II, Les Belles Lettres, 1997

Madame de Pompadour et les arts, catalogue d'exposition sous la direction de Xavier Salmon, Musée national des châteaux de Versailles et de Trianon, 2002

Marie-Antoinette, catalogue d'exposition, Galeries nationales du Grand Palais, RMN, 2008
Maroteaux Vincent, *Marly, l'autre palais du Roi-Soleil*, Vogële Edition, 2002
Marx Roland, *La Reine Victoria*, Fayard, 2000
Milovanovic Nicolas, *La Princesse Palatine protectrice des animaux*, Perrin, 2012
Monestier Martin, *Les Animaux célèbres*, Cherche Midi, 2008
J.-B. Oudry, catalogue d'exposition Galeries nationales du Grand Palais, RMN, 1982-1983
Pastoureau Michel, *Les Animaux célèbres*, Arléa, 2008
Pastoureau Michel, *L'Ours, histoire d'un roi déchu*, Points histoire, 2015
Pline, *Histoires naturelles*, Livre VIII, NRF, 2013
Plutarque, *Vies parallèles*, Gallimard, « Quarto », 2001
Princesse Palatine, *Lettres*, Le Club français du livre, 1948
Saint-Simon, *Mémoires I et II*, Folio Classique, Gallimard, 2008
Solnon Jean-François, *Henri III*, Perrin, 2007
Vassilieva Codognet Olga, « "Plus blans que flour de lis." Blanchart, l'ours blanc de Renart le Nouvel, les ménageries royales et les encyclopédies du XIIIe siècle », in *Reinardus*, vol. 27, 2015, John Benjamins, Publishing Compagny

Dans la même collection

Dépôt légal : octobre 2016
N° d'impression : 1608.0178
Achevé d'imprimer en France par Aubin Imprimeur